Roteiro cósmico

Huberto Rohden

COLEÇÃO A OBRA-PRIMA DE CADA AUTOR

Roteiro cósmico

Huberto Rohden

TEXTO INTEGRAL

6ª Edição

A ortografia deste livro foi atualizada segundo o Acordo Ortográfico da Língua Portuguesa (1990), que passou a vigorar em 2009.

MARTIN CLARET

Ano da primeira publicação: 1960.

CONSELHO EDITORIAL
Martin Claret

PRODUÇÃO EDITORIAL
Taís Gasparetti

CAPA
Ilustração: Yienkeat / Shutterstock

MIOLO
Revisão: Durval Cordas / Waldir Moraes / Isaías Zilli
Projeto gráfico: José Duarte T. de Castro
Editoração eletrônica: Editora Martin Claret
Impressão e acabamento: Eskenazi Gráfica

Dados Internacionais de Catalogação na Publicação (CIP)
(Câmara Brasileira do Livro, SP, Brasil)

Rohden, Huberto
Roteiro cósmico / Huberto Rohden — 6. ed. — São Paulo: Martin Claret, 2011. — (Coleção a obra-prima de cada autor; 311)

"Texto integral"
ISBN 978-85-7232-814-2

1. Espiritualidade (Filosofia) 2. Meditações I. Título. II. Série.

11-05412 CDD-291.432

Índices para catálogo sistemático:

1. Meditações: Religiões 291.432

EDITORA MARTIN CLARET LTDA.
Rua Alegrete, 62 – Bairro Sumaré – CEP: 01254-010 – São Paulo – SP
Tel.: (11) 3672-8144

www.martinclaret.com.br
5ª reimpressão – 2019

Sumário

XIV, burgueses e comerciantes passaram a integrar o mercado livreiro da época. A erudição laicizou-se e o número de escritores aumentou, surgindo também as primeiras obras escritas em línguas que não o latim e o grego (reservadas aos textos clássicos e aos assuntos considerados dignos de atenção). Nos séculos XVI e XVII, surgiram diversas literaturas nacionais, demonstrando, além do florescimento intelectual da época, que a população letrada dos países europeus estava mais capacitada a adquirir obras escritas.

Cultura e comércio

Com o desenvolvimento do sistema de impressão de Gutenberg, a Europa conseguiu dinamizar a fabricação de livros, imprimindo, em cinquenta anos, cerca de 20 milhões de exemplares para uma população de quase 100 milhões de habitantes, cuja maioria era analfabeta. Para a época, isso significou enorme revolução, demonstrando que a imprensa só se tornou uma realidade diante da necessidade social de ler mais.

Impressos em papel, feitos em cadernos costurados e posteriormente encapados, os livros tornaram-se empreendimento cultural e comercial: os editores passaram logo a se preocupar com melhor apresentação e redução de preços. Tudo isso levou à comercialização do livro. E os livreiros baseavam-se no gosto do público para imprimir, principalmente obras religiosas, novelas, coleções de anedotas, manuais técnicos e receitas.

Mas a porcentagem de leitores não cresceu na mesma proporção que a expansão demográfica mundial. Somente com as modificações socioculturais e econômicas do século XIX — quando o livro começou a ser utilizado também como meio de divulgação dessas modificações e o conhecimento passou a significar uma conquista para o homem, que, segundo se acreditava, poderia ascender socialmente se lesse — houve um relativo aumento no número de leitores, sobretudo na França e na Inglaterra, onde alguns editores passaram a produzir obras completas de autores famosos a preços baixos. O livro era então interpretado como símbolo de liberdade, conseguida por conquistas culturais. Entretanto, na maioria dos países, não houve nenhuma grande modificação nos índices porcentuais até o fim da Primeira Guerra Mundial (1914-1918), quando surgiram as primeiras grandes tiragens de um só livro, principalmente romances, novelas e textos didáticos. O número elevado de cópias, além de baratear o preço da unidade, difundiu ainda mais a literatura. Mesmo assim, a maior parte da população de muitos países continuou distanciada do livro, em parte porque ele tinha sido durante muitos séculos considerado objeto raro, atingível somente por um pequeno número de eruditos. A grande massa da população mostrou maior receptividade aos jornais, periódicos e folhetins, mais dinâmicos e atualizados, e acessíveis ao poder aquisitivo da grande maioria. Mas isso não chegou a ameaçar o livro como símbolo cultural de difusão de ideias, como fariam, mais tarde, o rádio, o cinema e a televisão.

O advento das técnicas eletrônicas, o aperfeiçoamento dos métodos fotográficos e a pesquisa de materiais praticamente imperecíveis fazem alguns teóricos da comunicação de massa pensarem em um futuro sem os livros tradicionais (com seu formato quadrado ou retangular, composto de folhas de papel, unidas umas às outras por um dos lados). Seu conteúdo e suas mensagens (racionais ou emocionais) seriam transmitidos por outros meios, como por exemplo microfilmes e fitas gravadas.

A televisão transformaria o mundo todo em uma grande "aldeia" (como afirmou Marshall McLuhan), no momento em que todas as sociedades decretassem sua prioridade em relação aos textos escritos. Mas a palavra escrita dificilmente deixaria de ser considerada uma das mais importantes heranças culturais, entre todos os povos.

Através de toda a sua evolução, o livro sempre pôde ser visto como objeto cultural (manuseável, com forma entendida e interpretada em função de valores plásticos) e símbolo cultural (dotado de conteúdo, entendido e interpretado em função de valores semânticos). As duas maneiras podem fundir-se no pensamento coletivo, como um conjunto orgânico (onde texto e arte se completam, por exemplo, em um livro de arte) ou apenas como um conjunto textual (onde a mensagem escrita vem em primeiro lugar — em um livro de matemática, por exemplo).

A mensagem (racional, prática ou emocional) de um livro é sempre intelectual e pode ser revivida a cada momento. O conteúdo, estático em si, dinamiza-se em função da assimilação das palavras pelo leitor, que pode discuti-las, reafirmá-las, negá-las ou transformá-las. Por isso, o livro pode ser considerado instrumento cultural capaz de liberar informação, sons, imagens, sentimentos e ideias através do tempo e do espaço. A quantidade e a qualidade de ideias colocadas em um texto podem ser aceitas por uma sociedade, ou por ela negadas, quando entram em choque com conceitos ou normas culturalmente admitidos.

Nas sociedades modernas, em que a classe média tende a considerar o livro como sinal de *status* e cultura (erudição), os compradores utilizam-no como símbolo, mesmo desvirtuando suas funções ao transformá-lo em livro-objeto. Mas o livro é, antes de tudo, funcional — seu conteúdo é que lhe dá valor (os livros de ciências, filosofia, religião, artes, história e geografia, que representam cerca de 75% dos títulos publicados anualmente em todo o mundo).

O mundo lê mais

No século XX, o consumo e a produção de livros aumentaram progressivamente. Lançado logo após a Segunda Guerra Mundial (1939-1945), quando uma das características principais da edição de um livro era as capas entreteladas ou cartonadas, o livro de bolso constituiu um grande êxito comercial. As obras — sobretudo *best- -sellers* publicados algum tempo antes em edições de luxo — passaram a ser impressas em rotativas, como as revistas, e distribuídas nas bancas de jornal. Como as tiragens elevadas permitiam preços muito baixos, essas edições de bolso popularizaram-se e ganharam importância em todo o mundo.

Até 1950, existiam somente livros de bolso destinados a pessoas de baixo poder aquisitivo; a partir de 1955, desenvolveu-se a categoria do livro de bolso "de luxo". As características principais destes últimos eram a abundância de coleções — em 1964 havia mais de duzentas, nos Estados Unidos — e a variedade de títulos, endereçados a um público intelectualmente mais refinado. A essa diversificação das categorias adiciona-se a dos pontos de venda, que passaram a abranger, além das bancas de jornal, farmácias, lojas, livrarias, etc. Assim, nos Estados Unidos, o número de títulos publicados em edições de bolso chegou a 35 mil em 1969, representando quase 35% do total dos títulos editados.

Enciclopédia Abril, vol. 7. São Paulo: Abril, 1973, p. 2840-2842.

Proposta da coleção "A obra-prima de cada autor"

"Coleção" é uma palavra há muito tempo dicionarizada e define o conjunto ou reunião de objetos da mesma natureza ou que têm alguma relação entre si. Em um sentido editorial, significa o conjunto não limitado de obras de autores diversos, publicado por uma mesma editora, sob um título geral indicativo de assunto ou área, para atendimento de segmentos definidos do mercado.

A coleção "A obra-prima de cada autor" corresponde plenamente à definição acima mencionada. Nosso principal objetivo é oferecer, em formato de bolso, a obra mais importante de cada autor, satisfazendo o leitor que procura qualidade.*

Desde os tempos mais remotos existiram coleções de livros. Em Nínive, em Pérgamo e na Anatólia existiam coleções de obras literárias de grande importância cultural. Mas nenhuma delas superou a célebre biblioteca de Alexandria, incendiada em 48 a.C. pelas legiões de Júlio César, quando estas arrasaram a cidade.

A coleção "A obra-prima de cada autor" é uma série de livros a ser composta por mais de 400 volumes, em formato de bolso, com preço altamente competitivo, e pode ser encontrada em centenas de pontos de vendas. O critério de seleção dos títulos foi o já estabelecido pela tradição e pela crítica especializada. Em sua maioria, são obras de ficção e filosofia, embora possa haver textos sobre religião, poesia, política, psicologia e obras de autoajuda. Inauguram a coleção quatro clássicos: *Dom Casmurro*, de Machado de Assis; *O Príncipe*, de Maquiavel; *Mensagem*, de Fernando Pessoa; e *O lobo do mar*, de Jack London.

Nossa proposta é fazer uma coleção quantitativamente aberta. A periodicidade é mensal. Editorialmente, sentimo-nos orgulhosos de poder oferecer a coleção "A obra-prima de cada autor" aos leitores brasileiros. Nós acreditamos no poder do livro.

❖

* Atendendo a sugestões de leitores, livreiros e professores, a partir de certo número da coleção, começamos a publicar, de alguns autores, outras obras além da sua obra-prima.

Roteiro cósmico

Advertência

A substituição da tradicional palavra latina *crear* pelo neologismo moderno *criar* é aceitável em nível de cultura primária, porque favorece a alfabetização e dispensa esforço mental — mas não é aceitável em nível de cultura superior, porque deturpa o pensamento.

Crear é a manifestação da Essência em forma de existência — *criar* é a transição de uma existência para outra existência.

O Poder Infinito é o *creador* do Universo — um fazendeiro é *criador* de gado.

Há entre os homens gênios *creadores*, embora não sejam talvez *criadores*.

A conhecida lei de Lavoisier diz que "na natureza se *crea* e nada se aniquila, tudo se transforma"; se grafarmos "nada se *crea*", esta lei está certa, mas se escrevemos "nada se *cria*", ela resulta totalmente falsa.

Por isso, preferimos a verdade e clareza do pensamento a quaisquer convenções acadêmicas.

Convite aos leitores

Convido o leitor a penetrar comigo neste mundo de pensamentos variadíssimos, focalizando palpitantes problemas de ciência, filosofia, psicologia, experiências místicas e vivências cósmicas.

Pensadores antigos e modernos são convidados, nestas páginas, a dizer o que sabem sobre o Universo, sobre Deus, sobre o passado, o presente e o futuro do homem — "esse desconhecido".

Os leitores que sabem poderão saber mais, os que sofrem sofrerão menos.

E todos eles acabarão crendo muito mais no muito que ignoram do que no pouco que sabem.

Os que leram os meus livros *De Alma para Alma* e *Ídolo ou Ideal?* sabem que livros de pensamentos avulsos, como este e como aquele, são bem-vindos pelos homens da trepidante vida moderna; podem ser abertos a esmo, em qualquer página, e sempre o leitor encontrará algo para enriquecer o seu espírito e alimentar a sua alma. Coletâneas de pensamentos heterogêneos, sem nexo necessário, têm a vantagem de não cansar o leitor.

Escusado é repetir que o autor não expõe as suas ideias como verdades infalíveis, e espera que o leitor lhe conceda a mesma liberdade de pensamento e de consciência que reclama para si mesmo.

O autor também não se arroga a paternidade absoluta de tudo quanto diz neste livro; é possível que ideias alheias, lidas ou ouvidas, tenham formado um substrato no subconsciente do autor, emergindo, aqui e acolá, como se fossem prole mental dele. Quem de nós poderá garantir até que ponto as suas ideias sejam exclusivamente dele? Existirá mesmo pensamento integralmente meu ou teu?

Leitor, se te encontrares comigo, nesse roteiro cósmico, sigamos de mãos dadas rumo ao Universo desconhecido dentro de cada um de nós! Compreendamos a Verdade e a Verdade nos libertará...

❖

O homem univérsico

É solitário em Deus e solidário com todas as creaturas de Deus. Mantém o seu modo de pensar e de agir independentemente da opinião pública.

É tranquilo, sereno, paciente; não grita nem se desespera.

Pensa com clareza, fala com inteligência, vive com simplicidade.

É do passado, do presente e do futuro.

Sempre tem tempo.

Não despreza nenhum ser humano.

Causa a impressão dos vastos silêncios da Natureza: o céu, o oceano, o deserto.

Não é vaidoso; não anda à cata de aplausos; jamais se ofende; possui sempre mais do que julga merecer.

Está sempre disposto a aprender, mesmo das crianças e dos tolos.

Trabalha só pelo prazer do trabalho em si, e não pela recompensa material.

Vive dentro do seu próprio isolamento espiritual onde não chegam nem o louvor nem a censura; mas o seu isolamento não é frio, porque ele ama, sofre, pensa, compreende.

O que ele possui — dinheiro ou posição social — nada significa para ele.

Só lhe importa o que ele é.

Renuncia à opinião própria quando verifica seu erro; não respeita usos estabelecidos por espíritos tacanhos.

Respeita somente a Verdade,

Tem mente de adulto e coração de criança.

O homem univérsico conhece-se a si mesmo, tal qual é, porque conhece a Deus — e por isso conhece os homens.

(Em parte, de autor desconhecido.)

Pensamentos cósmicos

(Com base parcial no livro O Universo de Einstein, *de Lincoln Barnett, prefaciado pelo próprio Einstein.)*

A ciência, depois da Teoria do *Quantum* de Max Planck, e sobretudo depois da Teoria da Relatividade de Einstein, admite que a Natureza não é um simples sistema de *causalidade mecânica* (alo-determinismo) mas que, por detrás desse mecanismo aparentemente inexorável, há uma espécie de autodeterminação de *causalidade não mecânica*, ou livre-arbítrio, que Bergson chamaria "causalidade dinâmica". Isto justifica a frase de um dos grandes cientistas contemporâneos (James Jeans) de que, antigamente, o Universo nos parecia uma grande *máquina*, e hoje se parece mais com um grande *pensamento*.

A ciência de hoje, diz Lincoln Barnett, se aproxima da ideia do livre-arbítrio como parte integrante do Cosmos; quer dizer que reconhece uma causa livre como imanente no próprio Universo.

Se a *entropia* do mundo mecânico, inconsciente, parece criar um nivelamento fatal, e a consequente paralisação das atividades do Cosmos, a *ectropia* do mundo dinâmico e consciente cria um desnivelamento cada vez maior, pela intensificação do consciente e superconsciente, garantindo assim a indefinida atividade do Universo Total.

Confira o capítulo 8 da Epístola aos Romanos sobre a "corruptibilidade da natureza" que, pela intervenção do homem crístico, pode ser transformada em "incorruptibilidade".

A ciência descreve *como* algo funciona.

A filosofia diz o *que* algo é.

Universo — o uni é da filosofia, o *verso* é da ciência.

Aristóteles julgava saber *por que* as coisas aconteciam (infância).

O cientista conhece *como* as coisas funcionam (adolescência).

O filósofo sabe *o que* as coisas são (maturidade).

Os físicos de hoje são cada vez mais metafísicos, ultrapassando o *como* e indagando o *quê* dos fenômenos. A culminância do cientista é o filósofo, como se verifica em Einstein, que admite que a ciência sobre o *como* das coisas é apenas um recurso temporário, mas não uma solução definitiva. Acha que "Deus não joga dados com o mundo."

Relatividade de tempo e espaço

(Ainda com base no citado livro de Lincoln Barnett.)

Está provado cientificamente que um relógio preso a um objeto em rápido movimento, *atrasa*.

Idem, que uma régua presa a um objeto em velocidade, *encurta*.

O movimento, a velocidade, reduz tempo e espaço.

Tempo e espaço só existem na zona dos finitos. No Infinito não há tempo nem espaço, há somente o eterno (negação do tempo) e o infinito (negação do espaço).

A nossa terra se move ao redor do seu eixo a 1.600 km por hora.

A terra se move ao redor do sol com a velocidade de quase 32 km por segundo.

Nosso sistema solar se move ao redor de um sistema estelar com a velocidade de 20 km por segundo.

Este sistema estelar gira em torno de uma via-láctea na razão de 320 km por segundo.

E toda essa via-láctea, incluindo nosso sistema solar e a nossa terra, se move ao redor de uma gigantesca galáxia com a velocidade de 160 km por segundo.

Somando estas cinco velocidades, chegamos à conclusão de que o nosso planeta Terra, e nós com ele, nos movemos, a cada segundo, com uma velocidade superior a 32.768.000 quilômetros.

Ora, sendo que o volume tridimensional de cada objeto está na razão direta da velocidade a que está sujeito, segue-se que o volume de todos os objetos terrestres não é absoluto, mas relativo; se eliminássemos metade dos movimentos que nos dominam, os objetos teriam o dobro dos seus volumes; e se duplicássemos o movimento, os objetos teriam apenas metade das suas dimensões.

A quarta dimensão, que é o tempo, modifica as três dimensões do espaço. Tudo é relativo, nada é absoluto.

Constante é apenas a velocidade da luz, que é de 300 km por segundo. Se um objeto tridimensional fosse submetido à velocidade da luz, deixaria de ter dimensão ou volume — mas a sua massa (substância, conteúdo) coincidiria com a da própria luz. Esse objeto seria *onipresente* em sua massa, e *oniausente* em seu volume.

Massa, na física, quer dizer realidade, substância, conteúdo, a essência, a qualidade, a intensidade de uma coisa — ao passo que o volume é o invólucro, a sua quantidade, a sua extensidade, a sua existência.

Origem e fim do universo

(Ainda com base na citada obra de Lincoln Barnett.)

Se o átomo é a primeira fase de congelamento da luz, no protoátomo estava contida toda a potência da luz cósmica e, como potência é essência, o protoátomo era potencial e essencialmente luz, por ser lucigênito, o primogênito da luz. E por isto o átomo pode tornar a ser luz; sendo lucigênito, pode lucificar-se.

A luz cósmica se contrai no protoátomo.

O protoátomo se expande em luz.

A creação da luz é obrado Logos.

A creação do átomo (base da matéria) é obra de Lúcifer (demiurgo).

Amor é expansão, luz — egoísmo é contração, treva (matéria).

Se o Lúcifer cósmico creou o átomo, e o Lúcifer humano destrói o átomo, como estamos fazendo (porquanto o nosso intelecto é o nosso Lúcifer) — não será que provocamos as iras do poderoso Lúcifer, creador do átomo, que o nosso Lúcifer destrói? Será que a nossa desintegração atômica não é uma invasão nos domínios luciféricos, nos domínios "príncipe deste mundo", que é o "príncipe das trevas", isto é, da matéria?

O astrônomo belga *Lemaitre*, e o russo-americano *Gamow* elaboraram interessante sistema sobre a origem e o fim do Universo. O núcleo do Universo era um foco homogêneo de energias potenciais (*en-ergon* = atuação interna). A temperatura do sol é de 5.500° C na superfície, e 40.000.000°C no interior. Mas o núcleo primitivo do cosmos era muito mais quente. Nesse calor não havia elementos, átomos, moléculas — só havia nêutrons livres, em caótica agitação.

No momento de concentração máxima se deu a explosão do núcleo e elétrons — e apareceu o átomo, base do Universo material.

Durante 2 bilhões de anos houve movimento de expansão, que não terminou ainda. O nosso Universo continua se expandindo.

Tolman, do Instituto Tecnológico da Califórnia, admite que a essa *explosão* siga uma *implosão*, que a expansão do passado e do presente venha a ser seguida por uma nova contração, no futuro.

Confira a "exalação" (creação) e a "inalação" (destruição) que a filosofia oriental atribui a Brahman, nas suas formas de Vishnu e Shiva.

No campo da nossa filosofia, a *entropia* seria expansão, e a *ectropia* seria a contração do cosmos — o inconsciente mecânico contrabalançado pelo consciente dinâmico. O homem, chegado ao máximo da sua incorruptibilidade, pelo superconsciente crístico, redimirá o seu corpo corruptível da corruptibilidade, e assim iniciaria a redenção da Natureza, que "até à presente hora sofre dores de parto, aguardando a revelação dos filhos de Deus", que possuem as "primícias do espírito", o livre-arbítrio.

A nossa física termodinâmica acha que os processos da natureza são *irreversíveis*, acabando, pelo clímax da entropia, na morte do Universo, por total nivelamento — mas a metafísica sabe que o processo é *reversível*, graças à ectropia do nosso consciente ou superconsciente, equilibrando o processo negativo-entrópico do inconsciente mecânico pelo processo positivo-ectrópico do consciente dinâmico.

A causalidade mecânica do alodeterminismo produz o *nivelamento mortífero* do cosmos — mas a causalidade dinâmica da autodeterminação produz o *desnivelamento vitalizador* do macrocosmo graças ao microcosmo.

"Por Moisés foi dada a lei (entropia, causa mecânica, destruidora), pelo Cristo vieram a graça e a verdade" (ectropia, causa dinâmica, construtora).

O desnivelamento construtor, produzido pelo consciente dinâmico, aumenta na razão direta em que aumenta o nivelamento destruidor, produzido pelo inconsciente mecânico.

E assim é garantido o equilíbrio do Universo — do *verso* pelo *uno*.

A qualidade do *uno* e a quantidade do *verso* são complementares.

Whipple, da Universidade de Harvard, Estado Unidos, elaborou a hipótese de "reconcentração" das partículas do Universo expandindo, dando cerca de 1 bilhão de anos para a formação de um novo núcleo de alta condensação — repetindo-se o processo de explosão centrífuga, mais tarde seguido por um novo processo de implosão centrípeta. Seria o Universo em *sístole* e *diástole*, em *exalação* e *inalação*, em *entropia* e *ectropia*, em *maré* e *vazante*, em *evolução* e *involução*, em incessante revezamento de *morte* e *ressurreição*.

Liberdade

Os autores do livro *O despertar dos mágicos* dizem, acertadamente, que "liberdade é o poder de ser causa"; "Deus nos creou o menos possível, para que nós nos pudéssemos crear o mais possível". De fato, o mistério da liberdade, do livre-arbítrio, não está num *indeterminismo*, mas, sim, numa *autodeterminação*. Todos os outros seres da natureza são *alodeterminados*, somente o homem, aqui na terra é *autodeterminante*, *autocausante*, em vez de *alocausado*. O homem é autor e ator da sua causalidade própria, ao passo que os outros seres são apenas expectadores de uma causalidade alheia. O homem *causa*, isto é liberdade — os outros seres são *causados*, e isto é escravidão.

Introversão — extraversão

(Selbsteinkehr – Welthinkehr)

Estas duas palavras sintetizam toda a sabedoria cósmica da *Bhagavad Gita*, como também do Evangelho. O homem deve entrar em si (intro-) para poder agir corretamente fora de si (extra-), sem perder o contato com a Fonte, o Todo do Cosmos, a Divindade. O homem que só age *extra* sem o *intro*, perde o contato com a Fonte, o Todo, e isto é egocentrismo, pecado. Por outro lado, o homem que só age *intro*, sem o *extra*, não age plenamente no Todo da Fonte, embora mantenha com ela um contato interno, estático, essencial; falta-lhe a distribuição existencial, a ação dinâmica *ad-extra*, porque o Todo é *intro-extra*, essência-existência, Ser-Agir, Universo. O homem cósmico deve ser *uno* e *verso*, unido ao *centro causante*, e vertido (verso, derramado) para *as periferias causadas*, solitário no Uno, e solidário com os Diversos.

Zen

A alma do Zen (na China *Wu-wei*, "não fazer") é esta: "Não sou eu (ego) que faço as obras, mas o Pai em mim (Eu) que as faz". Eu (ego) não sou Fonte, mas sou canal daquilo que acontece através de mim. Através de mim acontecem grandes coisas, se eu o permitir. Permitir quer dizer: 1) ligar o canal à Fonte (mística), 2) manter o canal puro (ética). Todas as coisas podem ser feitas através de mim, mas eu mesmo não faço estas coisas. "Eu, de mim mesmo (de dentro de meu ego), nada posso fazer."

Religião cósmica e psicoterapia

Gustav Schmaltz, no seu livro Oestliche Weisheit und Westliche Psychotherapie, *diz*:

"A religião corresponde a uma necessidade essencial do homem. Ela é uma função da alma de profundidade, mesmo quando deixa de encontrar expressão em forma de dogmas e credos. Não existe nenhuma cultura genuína sem religião. Sem a sua atuação nenhum homem possui plenitude e totalidade, nem encontra paz. Quando falamos de totalização ou autorrealização do homem, não nos referimos à substituição de alguma religião individual por outra, mas sim, da genuína religiosidade que, possivelmente, encerre o germe de formas religiosas várias, ainda oculto em escuridão.

Aqui jaz, na verdade, uma tarefa para a psicoterapia do Ocidente."

Ser filósofo é ser religioso

G. R. Heyer, em Wege und Wandlungen der Seelenkunde, *escreve*:

"Hoje em dia, o homem religioso é o filósofo (*der Fragende*). O único caminho para a divinização acessível ao homem é a alma humana como autêntica parte integrante do próprio processo transcendente.

Caráter numinoso

A genuína experiência do Eu tem sempre caráter nitidamente *numinoso*,* isto é, radicado em uma última e absoluta Realidade, cujo odor e sabor é farejado pelo homem devidamente receptivo.

Esse contato com o Absoluto gera no homem o senso de um *dever incondicional*, que é a percepção da integração da parte num Todo, do indivíduo no Universal, da creatura no Creador.

Este senso místico, da integração da parte no Todo, gera, por espontâneo transbordamento, o senso ético entre as partes — a fraternidade universal é produto da paternidade única.

Onde não há experiência mística não há vivência ética solidamente subestruturada — porque "*agere sequitur* esse", o agir (ético) segue ao ser (místico). "A árvore boa (mística) produz frutos bons (ética)."

Quando o homem tenta criar em si um agir independente do *ser*, uma ética sem mística, resulta, cedo ou tarde, uma moralidade fraca e artificial, precária e mercenária, que é o mal de todas as teologias eclesiásticas, que exigem de seus adeptos um agir moral por causa de um *prêmio* (céu) ou por medo de um *castigo* (inferno). Proíbem o egoísmo terrestre, como diz Bergson, mas recomendam o egoísmo celeste. Verdadeiramente religioso é somente o homem sem egoísmo algum, que é bom e pratica o bem sem segundas intenções, sem visar à recompensa nem recear castigo. Se o reino

---

*A palavra latina *númen*, donde se deriva numinoso, significa a Divindade Transcendente, que, como tal, não é objeto de conhecimento analítico mental, mas pode ser sentida ou "farejada" por uma intuição espiritual.

dos céus está dentro do homem então deve ele realizar plenamente esse seu céu interno e não especular com algum céu externo, distante no futuro. O reino dos céus é aqui e agora mesmo, e sua manifestação depende do homem.

O Nada do Todo

Quando expira a derradeira vibração do "m" final do sacro trigrama AUM, então entra o homem na consciência "Nada", palavra sânscrita que quer dizer o "Silêncio Total", o "Infinito", sinônimo de Brahman. O Nada da existência é o Todo da essência; o fim da consciência de nirvana. "Eu e o Pai somos um."

Os portugueses, que com Vasco da Gama foram ao Oriente, trouxeram ao Ocidente a palavra "nada", como também, "desmaiar" (perder a noção de *maya*, que é a natureza visível).

Passividade dinâmica — a quintessência do *Evangelho*, do *Bhagavad Gita* e do *Tao Te Ching*

A humanidade possui três livros, pequenos em volume, imensos em conteúdo, em que está contida toda a sabedoria dos séculos e milênios: o *Evangelho* do Cristo, a *Bhagavad Gita* de Krishna e o *Tao*, de Lao-Tse.

Mas nem os cristãos do Ocidente nem os *yoguis* do Oriente compreenderam o verdadeiro sentido dos seus livros sacros, e deram a essas Cartas-Magnas interpretações tão imperfeitas como seus próprios intérpretes.

O ocidente cristão, via de regra, se esgota na esfalfante lufa-lufa de realizações externas, mesmo no plano espiritual, e julga com isto o espírito do Evangelho, quando na vida do próprio Cristo não há vestígio dessa afobação.

O oriental, por seu turno, convencido de que toda a atividade objetiva é falaz e egocontaminada, resolveu isolar-se em perpétua passividade e identificar-se com a verdade de Brahman, longe das miragens de Maya.

E assim temos a humanidade em duas metades justapostas, sem nenhum Todo orgânico.

Nem o Ocidente nem o Oriente estão com a verdade integral,

que não é atividade nem *passividade, mas sim passividade dinâmica ou atividade em repouso.*

Ultimamente, foi o Ocidente invadido por uma onda de orientalismo, de yoguismo hindu, e muitos cristãos, desiludidos de um cristianismo quase bimilenar, julgam ter descoberto, finalmente, o elixir da verdade que suas igrejas não lhes souberam dar.

Entretanto, tudo faz crer que não captaram o sentido real da *Bhagavad Gita*, e do *Tao*, como não compreenderam o espírito cósmico do *Evangelho*. Contentam-se com certas práticas periféricas de *yôga*, sem atingirem o gênio interno da mesma.

O *Evangelho* não proclama a redenção do homem por determinadas atividades externas — e a *Bhagavad Gita* e o *Tao* não recomendam perfeição pela inatividade. Todos afirmam algo incomparavelmente mais profundo e fecundo, que só uns poucos, até agora, puderam compreender e viver. E, neste ponto, são os livros sacros do Oriente mais explícitos do que os do Ocidente.

Vamos cristalizar em dois tópicos característicos essa verdade única e central, que forma a quintessência tanto do *Evangelho* como da *Bhagavad Gita* e do *Tao*.

"Trabalha intensamente — diz a Sublime Canção da Índia — e renuncia a cada momento aos frutos do teu trabalho". Lao-Tse não cessa de falar do "agir pelo não agir", da "passividade dinâmica".

E o Cristo recomenda a seus discípulos: "Quando tiverdes feito tudo que devíeis fazer, dizei: Somos servos inúteis; cumprimos a nossa obrigação; nenhuma recompensa merecemos por isto".

Em síntese, ambos mandam trabalhar intensamente, realizar todas as obras do plano objetivo que devem ser realizadas — e ambos exigem que o homem não trabalhe por causa de qualquer espécie de fruto, resultado ou prêmio, alheia e posterior ao trabalho mas por causa do próprio trabalho, considerado como missão sagrada que lhe foi confiada aqui na Terra. Quem depende dos frutos do seu trabalho depende de algo que não depende dele — e isto é horrível escravidão. Via de regra, parte de favor ou desfavor das circunstâncias externas, da prosperidade ou adversidade da natureza, da bondade ou maldade dos homens. O homem profano depende de sucesso ou insucesso, de louvores ou vitupérios, de vivas ou de vaias — mas nada disto depende dele, e sim de circunstâncias externas, que jazem para além do alcance da sua vontade, independentes do seu querer ou não querer.

Ora, é evidente que um homem que depende de algo que não depende dele é escravo e está sempre em vésperas de infelicidade, embora essa infelicidade se ache ainda em estado de incubação; a qualquer momento pode vir a eclosão, uma vez que ninguém é senhor das adversidades da natureza ou da perversidade dos homens.

Logo, felicidade que dependa de algo que não dependa de mim é infelicidade, quer latente, quer manifesta.

Ora, os livros sacros da humanidade, que visam à verdadeira e sólida felicidade do homem, exigem que o homem não trabalhe por causa de algo que não está sob o seu controle, mas, sim, por causa daquilo cujo controle está inteiramente em seu poder — que é o próprio trabalho, realizado com amor, alegria e entusiasmo, quer venham, quer não venham frutos, em forma de dinheiro, louvores, gratidão, reconhecimento, admiração, sucessos de qualquer espécie.

O nosso velho ego, visceralmente interesseiro e mercenário, quer esses frutos externos — o nosso Eu divino, essencialmente desinteressado e livre, visa somente ao próprio trabalho feito com pureza de intenção e amor, porque estas disposições internas do próprio sujeito operante estão em poder dele e, quando positivas, levam o homem ao seu progressivo aperfeiçoamento e definitiva autorrealização.

O ego mercenário e luciférico só conhece *alorrealizações* — o Eu livre e crístico quer somente *autorrealização*. Aquele é cego para *ser* e vidente para o *ter* — este procura melhorar o seu íntimo *ser*, na certeza de que os externos *teres* não lhe faltarão na medida necessária, pois compreendeu a filosofia cósmica das palavras do Mestre: "Buscai em primeiro lugar o reino de Deus e sua justiça (a perfeição do ser) — e todas as outras coisas (os teres) vos serão dadas de acréscimo". "Que aproveita ao homem ganhar o mundo inteiro (as quantidades externas) se sofrer prejuízo em sua própria alma (a qualidade interna)?"

A única coisa que compete ao homem fazer aqui na terra é realizar-se a si mesmo, sua qualidade espiritual — e Deus se encarregará de realizar coisas das quantidades materiais.

O que os livros sacros recomendam ou proíbem não é nem atividade nem passividade em si, mas absoluto desapego, renúncia total e permanente, quer na atividade, quer na passividade. E como, na vida presente, o homem deve ser ativo para cumprir a sua missão terrestre de sócio-creador do mundo e sócio-redentor da humanidade, só lhe compete *ser ativo com desapego*, realizar qualquer trabalho honesto com 100% de perfeição, amor e entusiasmo.

Os livros sacros do Oriente falam muito em *karma*, que é precisamente essa substância negativa oriunda do apego aos frutos do trabalho, esse veneno resíduo que o ego mercenário deixa no fundo do homem por ele escravizado. Não é a atividade em si que produz *karma* negativo, é a falsa atitude com que a atividade é realizada. Essa atitude negativa é que deve ser evitada, e não a atividade em si. "Quando tiverdes feito tudo que devíeis fazer", "trabalha intensamente": estas recomendações dos mestres espirituais da humanidade mostram claramente que eles não convidam o homem à inércia e passividade em si, como fatos externos e objetivos — o que importa é a atitude de liberdade ou de escravidão com que o homem é ativo ou passivo — e é dever do homem em evolução terrestre ser *intensamente ativo com plena liberdade*, traçar a linha reta do seu *nirvana* de amor e pureza através de todos os ziguezagues dos seus *samsaras* de atividade objetiva e profissional.

Ser escravizadamente ativo, como o profano, é fácil.

Ser livremente passivo, como o místico, não é difícil.

Ser livremente ativo, como o homem cósmico, isto é glorioso.

Pois é precisamente para esta atividade com liberdade que nos convidam, sem cessar, os grandes livros da humanidade e os nossos verdadeiros mestres e guias rumo ao Infinito.

Muitos místicos, ou pseudomísticos, para se preservarem da tara inerente a todas as coisas que o ego produz, resolveram impor silêncio e inércia a esse ego luciférico — porque não compreenderam que há uma redenção dessa tara, desse "pecado original" do ego; e quem nos redime do pecado do ego interesseiro é precisamente o Eu divino e desinteressado, esse glorioso Eu crístico no homem que não quer saber de prêmio ou recompensa objetiva, seja de que natureza for, mas rejubila-se com a grandiosa missão de melhorar o mundo e a humanidade que lhe foi confiada aqui na terra; e isto é suficiente "recompensa interna" para renunciar a todas as pseudorrecompensas externas.

* * *

Mas é precisamente aqui que o homem profano esbarra com o maior impedimento, aparentemente invencível. Por que trabalhar, pergunta ele, se não é por causa dos frutos ou resultados que de meu trabalho espero? Que outro estímulo teria eu para realizar um trabalho difícil e prolongado, se não me animasse, dia por dia, a cada momento, a fagueira perspectiva de um resultado palpável, mesmo longínquo? A presença ou aproximação desse resultado me anima no meio da luta; a sua ausência ou medo de frustração acabaria, cedo ou tarde, por me desanimar...

Com estas palavras prova o inexperiente a sua completa ignorância sobre si mesmo; identifica-se candidamente com o seu conhecido *ego profano*, e nada sabe do seu desconhecido Eu *sagrado*; enxerga todas as suas periferias físico-mentais-emocionais, e nada percebe do seu centro espiritual-cósmico.

Logo, a solução do grande problema da vida consiste, essencial e unicamente, no fator *compreensão,* ou seja *autoconhecimento*, como diziam os antigos filósofos da Grécia: "Homem, conhece-te a ti mesmo!"

Mas o homem, até hoje, não se conhece a mesmo, o homem — esse desconhecido... Persiste na sua velha ignorância de se identificar com as periferias que ele *tem*, e de fechar os olhos para o centro que ele *é*. Chega ao cúmulo do absurdo de escrever livros para decidir se ele tem uma alma — quando ele é essa alma, esse Eu divino, a alma que tem um corpo, o Eu que tem esse ego como seu instrumento.

O ego, diz a filosofia oriental, é o pior inimigo do Eu; mas o Eu é o melhor amigo do ego.

O ego é inimigo porque é ignorante — pois toda a inimizade vem da ignorância.

O Eu é amigo porque é sábio — amizade é filha da sabedoria.

Enquanto o homem ignora a si mesmo não há solução para o problema fundamental do homem e da humanidade.

Mas como levar o homem da ignorância para a sabedoria? Da incompreensão para a compreensão?

Da inexperiência para a experiência de si mesmo?

Tratamos deste problema central em outra parte, através de vários livros e em muitas aulas de Filosofia Cósmica. Aqui diremos apenas o seguinte:

Essa experiência de si mesmo não é fruto de estudo de psicanálise, porque esta não ultrapassa as fronteiras do ego. Algum fator ultraego é necessário para que o homem cruze a misteriosa fronteira entre o que *ele* tem e o que ele é. O grande EU SOU não é ego-manufaturado, não é produto de análises intelectuais, não é creado pelo consciente, porque é o superconsciente no homem — e o menor não pode produzir o maior, o efeito não é maior que sua causa. Logo, é matematicamente certo que o ego, com toda a sua agudeza e argúcia, não pode produzir a compreensão da verdade sobre a natureza do Eu.

Essa compreensão deve vir de uma fonte maior — deve vir do próprio Infinito, do Universo, do Todo, do grande Além — embora esse suposto Além-de-fora seja o grande Além-de-dentro, tão tremendamente "de dentro" que parece ser infinitamente "de fora"; o seu além-nismo aparentemente centrífugo é o maior aquém-nismo centrípeto... Mas, inicialmente, o homem experimenta essa centralíssima imanência como a mais periférica das transcendências; algum dia, o verdadeiro iniciado saberá que o *Infinito Cósmico* é idêntico ao EU SOU humano — "eu e o Pai somos um"...

Para que esta grande revelação aconteça ao homem (pois deve acontecer-lhe!) deve o homem crear um ambiente propício ao redor e dentro de si mesmo; pois, segundo as eternas leis do Universo, "quando o discípulo está pronto o Mestre aparece" — quando o homem-ego está pronto, o homem-eu se lhe revela.

E isto é autorrealização.

Em linguagem teológica se diz: "Quando o homem tem fé, Deus lhe dá a graça".

Prontidão, fé, não são *causa* do advento da verdade, da graça — mas são *condição* necessária e indispensável para que a causa, o Infinito, possa agir sobre o finito. Quem não abre uma janela não terá luz solar na sala; quem não liga o seu canal com a fonte não terá água — mas isto não prova que janela aberta ou canal ligado sejam causadores da luz ou da água; prova apenas que são veículos ou condições necessárias para que a causa (o sol, a fonte) possa agir.

Esse ambiente propício que o homem deve crear ao redor e dentro de si inclui certos fatores conhecidos, como solidão, silêncio, introspecção, meditação, egoevacuação e anseio de plenificação cósmica; essa atitude propícia ao autoconhecimento e à autorrealização é algo como um silencioso clamor da alma, uma dolorosa nostalgia do finito pelo Infinito, uma intensa auscultação do viajor telúrico para captar o esvaído eco de uma Voz longínqua, mais adivinhada que ouvida... Na sua vida ética e social deve o candidato à inspiração divina viver como se já fosse agraciado por essa revelação; pois, a vivência ética preludia a experiência mística, e esta, uma vez realizada, transforma totalmente a vivência ética, fazendo compreender a verdade do grande paradoxo: "Meu jugo é suave e meu peso é leve"...

Quando o homem, através do autoconhecimento e da autorrealização, se despoja totalmente do impuro desejo de gozar os frutos do seu trabalho; quando não é mau para não cair no inferno, nem é bom entrar no céu; quando ele compreende que é embaixador de Deus e do Cristo para continuar a creação do mundo e a redenção da humanidade no espírito desinteressado dos seus divinos Mandantes — então, pela primeira vez, se sente ele plenamente liberto de todas as inibições heterônomas, e adquire perfeita autonomia sobre a vida terrestre e seu destino eterno.

E é então que o homem começa a exercer uma atividade 100% dinâmica e benéfica no seio do gênero humano.

É esta a quintessência dos livros sacros da humanidade.

Ego-fonte ou ego-canal?

O homem profano considera o seu ego como fonte donde deriva tudo quanto ele faz, e isto pela razão óbvia de ignorar totalmente a realidade do seu verdadeiro Eu. Quando diz "eu faço isto", "eu fui ofendido", "eu vou morrer", entende pela palavra "eu" o seu ego personal — físico, mental, emocional — e nada sabe de um Eu maior, que se oculta por detrás dessa máscara-*persona*.

E, devido a esse seu senso de egoidade, não pode deixar de permear toda a sua vida de egocentrismo e egolatria.

As palavras do Nazareno "as obras que faço não sou eu que as faço, mas é o Pai em mim que as faz" lhe são palavras enigmáticas, sem sentido, porque esse homem ignora que o "Pai em mim" é o elemento divino, o Cristo, no Jesus humano, ou, em nossa terminologia, o grande Eu no pequeno ego.

Quando, então, o homem ultrapassa a barreira da sua ignorância e entra na zona da sapiência sobre si mesmo; quando descobre, para além do seu ego periférico, o seu Eu central, fonte perene de águas vivas — então verifica que o seu ego é apenas um canal através do qual fluem as águas invisíveis do seu divino Eu. E descobre também que esse Eu fonte é a própria Realidade Cósmica, o Infinito, o grande Todo, Brahman, Deus, Fonte Única e Universal, cujo estuário humano se chama Eu, ou alma. Descobre que o Eu é Deus em forma humana, o "espírito de Deus que habita no homem".

A partir dessa data, está o homem "em órbita", conhecendo e reconhecendo a verdade sobre si mesmo, essa verdade que o liberta de todos os males.

Daqui por diante, age o homem como canal finito da Fonte Infinita, com a qual tem de manter contato permanente, sob pena de esvaziar o seu canal-ego e ficar sem as águas vivas que brotam da Fonte Infinita e jorram para a vida eterna.

* * *

Quando o homem faz essa grande descoberta — de não ser fonte mas apenas canal — pode acontecer o seguinte: que não queira nem sequer ser canal da grande Fonte, com medo de recair no seu erro de se considerar fonte. E então se diz um verme, um nada, totalmente incapaz de tudo, etc.

De maneira que o homem profano deve libertar-se de dois erros escravizantes, do erro primário de se considerar *fonte*, e do erro secundário de não querer considerar-se *canal* do Infinito. Deus se serve de cada uma das suas creaturas para canalizar algo da sua invisível Essência para os reinos visíveis das suas existências. A Essência divina se existencializa através de cada creatura; a Fonte única é aquela, os canais múltiplos são estes. As creaturas infra--humanas são canais automáticos, que funcionam inconscientemente, ao passo que a creatura consciente é livre e pode obstruir os seus canais pelo erro, como também alargá-los pela verdade.

A grande libertação do homem consiste em que ele faça de si um canal totalmente puro e largamente aberto para o fluxo das águas divinas; que seja "puro de coração", isto é, isento de egoísmo — essa egolatria que faz considerar o canal como fonte. Uma vez que o homem se conheça e reconheça como canal da Fonte Infinita, entra sua vida numa nova fase, porque encontra inefável alegria e beatitude nessa sua missão de canal, de ministro plenipotenciário do Universo aqui na terra, continuador da creação do mundo e redentor dos homens.

Esse conhecimento inclui também a consciência do *não-merecimento*, ou seja, da absoluta *gratuidade* de tudo quanto recebe de Deus e dá aos homens. Compreende que nenhum finito pode merecer algo do Infinito, porque "merecer" é "causar" — mas como poderia o finito causar o Infinito? Quem julga poder merecer o céu com suas boas obras, obstrui os seus canais internos, porque sacrifica a verdade pela inverdade; não é "puro de coração", e por isto não pode "ver a Deus". As palavras do Cristo "quando tiverdes feito tudo o que devíeis fazer, dizei: somos servos inúteis; cumprimos a nossa, obrigação — nenhuma recompensa merecemos por isto" resumem toda a verdade no tocante à relação do homem para com Deus. O último passo no caminho da grande libertação está no completo desapego de qualquer ideia de prêmio ou recompensa. As teologias ensinam a seus fiéis o modo de escaparem ao inferno e merecerem o céu — mas a filosofia faz ver a seus discípulos que devem renunciar também à expectativa do céu como prêmio objetivo pelo fato de serem bons.

Totalmente livre é somente aquele que se libertou do medo do inferno e da esperança do céu, aquele que é incondicionalmente bom, por amor à Verdade.

Sat — chit — ananda

Uma vez plenamente liberto pela experiência mística da suprema Realidade, cultua o homem o Infinito em todos os Finitos, o Uno em todos os Diversos. O Permanente e o Transitório deixam de ser antagônicos para esse homem; são aspectos complementares da Realidade Total do Universo, a Essência em todas as Existências.

Quando o *sat* (ser) é consciente no *chit* (saber), então entra o homem no *ananda* (gozo) universal, vendo e saboreando o conteúdo divino em todos os contenedores mundanos.

Esse homem está em casa em qualquer parte Cosmos; tem lar e querência em todas as creaturas.

Do penúltimo ao último

No seu maravilhoso livro *Der Yoga*, mostra J. W. Hauer que C. G. Jung para nos *penúltimos*, não ousando romper caminho para o *último*. Parece que tem medo de basear a autorrealização do homem no Absoluto, no Transcendente, no Numinoso, na Religião; não sai dos Relativos, que ele chama *Urbilder* (arquétipos). Não vai até onde a *yôga* vai.

Na *yôga*, e na verdadeira mística, a experiência suprema da Realidade é despida de quaisquer imagens; é um contato direto com a Realidade última e suprema. Verdade é que o Infinito é vivido pelo Finito como Finito; mas, apesar dessa finitude experiencial, o cognoscente finito "fareja" nitidamente que esse Finito que ele experimenta é um *penúltimo* que aponta para um *último*, para uma total *Alteridade*, para uma longínqua *Transcendência*, para a qual a propínqua Imanência do penúltimo é apenas como uma seta à beira da estrada, que aponta para além de si mesma. O verdadeiro conteúdo, ou sentido, da seta indicadora não é ela mesma, mas algo além dela.

O *penúltimo*, o *Relativo Imanente*, que o homem cósmico vive, tem para ele o odor e sabor característicos de um *último*, de um *Absoluto Transcendente*. O homem existencial, quando não coibido em seu íntimo Ser, fareja e saboreia nitidamente o ultraexistencial da sua verdadeira essência, o Absoluto para além de todos os seus Relativos, o Transcendente para além de todas as Imanências.

A psicoterapia ocidental não atingiu ainda a sua meta última; vive ainda enredada num empirismo pseudocientífico, que tem um horror instintivo, quase supersticioso, do Numinoso, do Divino, do Absoluto; estas coisas não parecem ser "científicas" aos nossos psicólogos, porque "religião" significa para ele "teologia" e, como os teólogos estão, muitas vezes, em conflito com a ciência, a nossa psicoterapia evita ser "religiosa", e por isto não avança até à última fronteira da Realidade, mantendo-se cautelosamente em símbolos penúltimos.

No Oriente, Religião ou *yôga* são sinônimos de Filosofia, experiência da suprema e última Realidade do Universo, que "religam", "unem", o Finito ao Infinito.

O "faro cósmico" do homem liberto leva-o até ao Último farejado através dos Penúltimos.

Guru é necessário?

A clássica *Yôga-Sutra* considera o guru como um mestre espiritual e guia relativo e provisório, supondo que esse mestre tenha alcançado alto grau de autorrealização, de maneira que possa atuar sobre seu *chela* (discípulo) com a força do seu íntimo ser, e não apenas com a luz do seu externo fazer ou dizer. Ocorre entre mestre e discípulo uma espécie de *osmose*, cuja ação vai de um elemento mais intenso para outro menos intenso, até que se dê a devida saturação — a "graça do mestre" envolvendo e penetrando a alma do discípulo receptivo. "Quando o discípulo está pronto, o mestre aparece."

O fim do *guru* não é levar de reboque o discípulo, mas, sim, o de dar-lhe plena autonomia e autocracia, de maneira que, algum dia, o discípulo possa seguir o seu caminho com perfeita clareza e absoluta luta segurança, sem o mestre. E então o mestre externo passou a ser um mestre interno. O maior triunfo de um verdadeiro mestre consiste em tornar-se supérfluo; mestre que nunca se torna supérfluo não cumpriu a sua missão.

Formas deturpadas de *yôga* falam de *bhakti* que se deva prestar ao guru, como a um deus. Onde impera o elemento emotivo, sucumbe a racionalidade. Mas a verdadeira *yôga* ou mística é suprema racionalidade.

O encontro do homem com o seu Eu central

O mundo do homem é um grandioso cosmos, no qual o Eu central habita e governa como soberana Essência, a cujo serviço devem estar todas as Existências, assim como os planetas giram em torno do sol.

"Elevados são os *sentidos*; mais alta que os sentidos é a *inteligência*; acima da inteligência está a *razão* — mas acima de todos está o Eu (*purusha*)." (*Bhagavad Gita*, III, 42 s.)

Se acordaste para o Eu central, e se integraste todos os teus egos periféricos nessa centralidade divina — então poderás viver no meio do mundo sem ser derrotado, porque o teu mundo interno é mais poderoso que todos os mundos externos.

Esse Eu é a silenciosa Fonte de luz e força.

"O homem que disciplinou o seu mundo interior e está consolidado no Eu, totalmente livre do desejo de objetos desejáveis — esse é um homem liberto. Como uma chama colocada num lugar abrigado não bruxuleia, assim é o *yogui* que disciplinou o seu mundo interno e se firmou no Eu." (*Bhagavad Gita*, VI, 18 ss.)

Enquanto o homem não rompe caminho rumo ao seu Eu central, vive ele perturbado e a sua força é dispersa. A irredenção do seu Ego se revela, em sua vida externa, de modos vários, como entraves, descontentamentos, tristezas, irritação; porque o Eu é hostil ao homem, enquanto o homem não o reconhece e aceita como soberano da sua vida; mas o Eu é fiel amigo aliado do homem quando ele lhe permite que aja sobre ele com a sua inesgotável plenitude de luz e força.

Entretanto, não há nenhum caminho que conduza ao Eu senão o próprio Eu — é este o estranho paradoxo da vida. Não é nenhum objeto que, como de fora, possa ser contemplado e invocado — ele tem de evocar o seu próprio sujeito, o seu verdadeiro EU SOU, a sua Onipotência dormente. Quem quer contemplar esse Ser deve sê-lo. O homem que quer chegar ao seu Ser deve realizar em si sua potencialidade central.

"É com o próprio Eu que se apreende o Eu. O Eu é amigo do ego, mas o ego é inimigo do Eu. O homem que não descobre o Eu considera este Eu seu inimigo e o hostiliza." (Bhagavad Gita, VI, 5s.)

A amizade vem da sapiência, a inimizade vem da ignorância. Enquanto a ignorância do ego continua a eclipsar a sapiência do Eu, nada está resolvido quando a sapiência do Eu ilumina a ignorância do Ego, tudo está resolvido, ou em via de solução. Somente a verdade total sobre o homem pode libertá-lo de todos os males de que o Ego é a raiz. A experiência do Eu exerce sobre toda a vida humana uma ação libertadora e beatífica. Quem não atinge o Eu na sua profundeza cósmica deixa-se iludir pelo caráter mental ou emocional dos pensamentos ou sentimentos, que partem do Ego e mantêm o homem ligado ao Ego ignorante e escravizante. "Eu sou senhor de tudo que sei, mas eu sou escravo de tudo que ignoro" (Spinoza). Quem rompe caminho até a profundeza cósmica do Eu, do Espírito Universal no homem, até o mais profundo Ser ultraempírico e ali descobre a Realidade, que é ele mesmo em sua essência — esse é atraído para aquela luminosa e silenciosa comunidade da qual irradiam tranquilidade e segurança, plena libertação da escravidão das coisas provisórias e imediatas.

E então esse homem enxerga não só a si mesmo, mas o Todo, porque o seu Ser humano radica nesse Todo, que é a Realidade Cósmica da Essência e da Existência, do mundo Causante e do mundo Causado. E por isto é ele permeado por uma grande clareza e liberdade, que solve todos os complexos, desperta as forças dormentes, dinamiza a coragem, purifica os desejos, amplia o poder da vontade e dá inefável felicidade em todas as situações da vida. A visão do Eu estabelece contato de profundidade entre o homem e as potências creadoras do Universo, porquanto o Eu é a presença dessa potência eterna do Cosmos Universal dentro do homem individual.

Assim é que o Eu, uma vez descoberto e realizado, produz aquela última e absoluta entrega do homem à Vontade Universal; e, a partir daí, a serenidade da Divindade penetra e pervade toda a existência e atividade do homem.

Onde esta experiência é realizada em toda a sua profundeza e plenitude não há mais desperdício de forças, porque todas as forças estão a serviço da Vida Cósmica.

O homem, assim nascido em Deus, sente despertar em si todas as forças para agir no meio do mundo e da humanidade; liberto de todas as algemas do ego humano, expande a onipotência do Eu divino.

"Para o homem que encontra a sua alegria no Eu, que repousa satisfeito no Eu e nele encontra a sua suficiência, para esse não existe mais o "dever" que o impelia a agir. Não mais procura um "para quê", nem no agir nem no desistir; nenhuma creatura lhe serve de meio para atingir o seu fim. O homem que age sem nenhum interesse atinge a meta e alcança o mais alto." (*Bhagavad Gita*, III, 17 ss.)

Segundo a *Bhagavad Gita*, é na realização do Eu divino que o homem encontra definitiva libertação da lei férrea da causalidade mecânica escravizante, porque se coloca numa zona supracausal, onde cessa o alodeterminismo passivo e impera, soberana, a autodeterminação ativa, que é o livre-arbítrio do Eu.

Mas se o homem se desescravizou deste mundo de escravidão causal, por que continua a agir no meio desse ambiente de escravidão universal? Aqui estamos diante do maior enigma do livre-arbítrio que, em face da exultante liberdade que goza plenamente, pode querer voltar externamente ao mundo dos escravos, que ainda não conhecem essa liberdade.

"O amor é a mais alta racionalidade." (Albert Schweitzer)

E esta suprema racionalidade do amor pode cometer a mais estupenda irracionalidade —escravizando-se por amor...

É este o mais profundo mistério dos avatares e, sobretudo, do Cristo. "Quem quiser ser grande seja o servidor de todos."

Mergulhando na harmonia cósmica

Poul Bjerre, psiquiatra sueco, escreve: "Somente quando os nossos pensamentos e sentimentos dirigidos à Universalidade forem totalmente permeados de amor, é que conseguiremos libertar-nos da tirania dos instintos escravizantes. É esta a razão por que a ideia do sacrifício forma o centro de todas as religiões. O coração se liberta de todas as inquietações condicionadas pela escravidão dos instintos e das cobiças somente quando conseguimos ultrapassar o nosso ego, somente quando experimentamos a nossa comunhão com todos os seres vivos e com a própria Vida, e quando esse senso de totalidade é penetrado por uma massa vital — partes da espécie, da raça, da humanidade, do Todo Cósmico.

O homem que não está em luta consigo mesmo não entra em luta com o mundo. As guerras mundiais são consequências inevitáveis do estado de fermentação espiritual em que a Europa se encontra desde os tempos da Renascença e da Reforma. Quando a vida humana se desenrola num cenário dominado pelos instintos e pela ambição do poder, o resultado é guerra de todos.

Mas como superar a decadência interna e a mecanização da alma?

Este problema não pode ser solucionado senão sobre uma base filosófico-religiosa. Todas as doutrinas sapienciais da humanidade visam, em última análise, à vitória sobre a morte interna e à realização da harmonia da nossa vida individual com a Vida Universal em sua totalidade. Trata-se de realizar em nós a consciência da nossa afinidade fundamental com todos os seres do Universo.

"Homem, se queres aprender a andar o caminho que leva à redenção, aprende a evitar o contato consciente com tudo que te impeça nesse caminho e mergulha na verdade da grande harmonia que existe para além de todas as coisas. Depois de praticares essa arte de mergulhar na harmonia cósmica e de permeares de silêncio interior todo o teu ser — então poderás passar pelo mundo sem perigo de contaminação. Não haverá mais em ti, nas mais profundas profundezas do teu ser, um único ponto em que não encontres a eternidade."

Poder creador do homem plenamente liberto

Quando o homem consegue agir, consciente e intensamente, de dentro do seu Ser central, seu verdadeiro Eu divino; quando todo o seu *externo agir* é produto genuíno e integral do seu *interno Ser*; quando ele é totalmente indiferente a lucros e perdas, a louvores e vitupérios, a sucessos e insucessos — então adquire ele poder sobre as forças construtoras do Universo e da humanidade, então é ele senhor e árbitro do seu destino, redentor de si mesmo e redentor de seus semelhantes.

O característico e decisivo desse seu *agir* não é produzido por algum ato de *querer* consciente do momento, mas é resultado da profunda substância do seu autêntico e permanente *ser* — esse ser que transborda, espontânea e irresistivelmente, num jubiloso *querer* e num poderoso *agir*.

O homem assim liberto propriamente não quer nem *age* — ele simplesmente *É*, ele *É* tão poderosamente que a veemente plenitude do seu autêntico SER transborda e irradia, de vez em quando, oportunamente, num vasto *agir*; mas esse *agir* não age por causa do agir; antes lhe acontece, como que à revelia, porque não é senão um aspecto parcial e transitório do seu SER total e permanente.

"Esse homem fala com poder e autoridade", dizia o povo, quando o Cristo se manifestava através da pessoa de Jesus. As palavras "poder e autoridade" referem-se à plenitude do SER do Cristo divino, esse mar imenso que lançava umas gotas à praia do veículo visível do Nazareno. Por isto dizia ele "As obras que eu faço não sou eu que as faço, é o Pai em mim que faz as obras... porque eu e o Pai somos um."

O homem cósmico, quando liberto pela consciência da Verdade, deixa de ser simples *espectador estático* e *passivo* do drama do Universo e da humanidade, e entra como *ator dinâmico* e *ativo* nessa grande epopeia. Do *alodeterminismo mecânico* do homem profano passou ele para a *autodeterminação dinâmica* do iniciado. Após o ocaso do seu velho ego, despontou a alvorada do seu novo Eu — "despojou-se do homem velho e revestiu-se do homem novo, da nova creatura em Cristo", no dizer de Paulo de Tarso.

* * *

Toda a verdadeira *yôga*, meditação, contemplação, ou que outro nome tenha, visa essencialmente a isto: remover de dentro do homem todos os impedimentos e entraves creados pelo seu ego e que lhe vedam realizar a experiência do seu Eu central. O homem que não realiza essa experiência de profundidade, mas se limita ao círculo vicioso das suas periferias, está radicalmente desviado da sua órbita, do seu verdadeiro destino, entregue à tirania do mundo objetivo e às potências do caos, por mais próspera que talvez seja a sua vida terrestre. Abriu falência no plano central da sua verdadeira razão de ser. Vitorioso talvez nos secundários, é derrotado no primário.

Somente pela experiência vital do seu centro entra o homem na sua órbita cósmica, que lhe garante harmonia existencial e imortalidade.

De dentro dessa experiência vital do seu Eu central pode o homem crear, também aqui na terra e em todos os setores da vida, um destino feliz e harmonioso; deixa de ser joguete da tirania da *causalidade mecânica* que rege o mundo inferior, e torna-se autor e ator da *causalidade dinâmica*, da autodeterminação do seu livre-arbítrio; passa da velha escravidão da *heteronomia* para a nova liberdade da *autonomia*. Verifica que tudo é possível àquele que tem *fides*, fidelidade a seu verdadeiro Ser, e nada lhe é impossível. Quem liga os seus canais com a Fonte da Onipotência torna-se onipotente por participação.

Nesta nova dimensão da sua vida, experimenta o homem, pela primeira vez, a sua total *alteridade* em face de todas as coisas do mundo circunjacente; verifica, talvez com jubilosa surpresa, que ele não é uma peça na máquina do mundo objetivo e impessoal que o rodeia; mas que, pelo poder do seu livre-arbítrio, ele está desligado do automatismo escravizante dos objetos externos; nasceu, finalmente, para a *onipotência* do seu Eu central e morreu para todas as *impotências ou semipotências* do seu ego periférico. Verifica que essa onipotência estava sempre dentro dele, mas ele a ignorava — uma onipotência ignorada funciona como impotência. O que redime o homem de todas as suas misérias tradicionais não é o fato da sua onipotência central, mas é somente a consciência desse fato; não é o *fato* dormente, mas é o fato plenamente acordado, que é a consciência do fato. A Verdade é universal e onipotente — mas somente o conhecimento consciente da Verdade é que liberta o homem de todas as suas escravidões.

E esse conhecimento consciente não é apenas uma análise mental, mas sim uma *realização vital*. É necessário que o Verbo mental se faça carne vital, cheio de graça e de verdade.

O poder da Presença Invisível

Todo homem, depois de atingir certa altura na senda da vida espiritual, sabe e sente que há, em torno e dentro dele, um misterioso ALGO, uma Força que lhe dá segurança, serenidade, alegria, felicidade.

É uma Invisível Presença, à qual os homens dão muitos nomes — Cristo, Buda, Tao, Brahman, ou outro nome simbólico, mas que continua inominável.

E que outra coisa seria esse misterioso ALGO senão a própria VIDA universal enquanto sentida pelo homem individual?...

Esse ALGO não produzido, *causado*, merecido pelo homem — é gratuito mas não lhe é dado *arbitrariamente*; para que esse ALGO gratuito apareça, deve o homem crear um ambiente propício, condições favoráveis para que essa poderosa Presença Invisível se torne sensível.

A Presença é *mística* — mas a experiência da sua presença depende da *ética*. Quando o homem se afasta dos caminhos da Verdade, da Justiça, do Amor, da Honestidade, da Benevolência, da Solidariedade, então essa deliciosa Presença empalidece e acaba por se eclipsar de todo — até que o homem volte ao caminho reto.

A *Graça* de Deus — dizem os teólogos — depende da *Fé* do homem.

Graça é Força e Luz — Fé é canal e veículo para elas.

Envolto e permeado por essa Invisível Presença, sente-se o homem seguro e invulnerável, como que no meio de rijo baluarte, cuja porta só abre pelo lado de dentro; ninguém a pode abrir senão ele; por falta de ética ele abre essa porta — e, neste caso, os seus inimigos penetram no baluarte — e lá se vai a segurança e a paz da alma!...

Quando o homem descobre esse "tesouro oculto", vai, cheio de alegria, vende tudo que tem, dá-o aos pobres, porque ele é rico e procura adquirir esse "tesouro nos céus".

E é o início de uma vida nova...

Não é um "remendo novo em roupa velha" é uma túnica nupcial toda nova e inteiriça, de alto a baixo.

O homem profano vive só para si e seu pequeno ego. Alguns vivem para o alargamento desse ego, que é a família e parentela; outros, mais avançados, incluem no seu interesse o seu grupo social ou religioso, o partido, a igreja, o povo, a nação; os mais avançados chegam ao ponto de incluir a humanidade toda no seu interesse — esses são então os grandes altruístas, os homens humanitários, filantrópicos, caritativos, os benfeitores da humanidade, como diz a publicidade.

O Homem Cósmico vai além dessa fronteira da ética humanitária que, no melhor dos casos, lhe serve de preliminar para a sua última aventura mística, o encontro com o Infinito, o Absoluto.

O homem que, em verdade, possa dizer "já não vivo eu, o Cristo é que vive em mim", "eu e o Pai somos um" — esse ultrapassou as fronteiras deste mundo, e o seu reino já não é mais deste mundo, embora ainda esteja no mundo. E como esse homem nada mais espera do mundo, pode o mundo esperar tudo desse homem. Enquanto o homem necessita do mundo e da sociedade, é ele um "necessitado", um pobre mendigo — e que poderia um indigente dar a seus semelhantes? O mundo só necessita de um homem que já não necessita do mundo, mas encontrou plena suficiência em Deus.

Esse homem não necessita de dinheiro, nem de política nem de prestígio social — basta que se deixe guiar pela Invisível Presença, que é como que uma linha reta através de todos os ziguezagues da vida.

A *serpente mental* só se move em *serpentinas* ou ziguezagues; só conhece meios violentos e astúcias — armas, mentiras, política, diplomacia, camuflagens de toda a espécie; nenhuma serpente se pode mover em linha reta, num terreno limpo, porque necessita dos objetos vizinhos que lhe deem resistência para se mover.

A *pomba espiritual* voa em linha reta, não necessita da terra para se mover, basta-lhe o ar invisível; a sua vida é toda retilínea, simples, envolta na pureza e desnudez da Verdade e Sinceridade.

"Aquele que está em mim — disse o Mestre — é maior do que aquele que está no mundo... Eu venci o mundo..."

Essa Presença Invisível é como a alma, que permeia e vitaliza o corpo todo, mas não é percebida em parte alguma. É como o grande Inconsciente Cósmico que acompanha todos os Conscientes humanos. E o homem só é realmente feliz quando mantém o contato com essa Força Anônima que está para além e dentro de todas as forças nominadas...

Todos os ponderáveis só têm valor por causa desse Imponderável...

Despertar e reforçar esse poderoso Imponderável é sabedoria, santidade e sanidade...

Liberdade, paz e alegria

O caminho único da redenção do homem está na definitiva libertação de todas as escravizações do ego humano.

Essa libertação se revela como segurança, paz, alegria e profunda felicidade.

Toda a nossa infelicidade vem, em última análise, de uma ilusão escravizante: Alguém me fez mal... Alguém cometeu uma injustiça contra mim... Alguém me tratou com ingratidão...

Por vezes, esse *alguém* é um *algo* impessoal; a nossa infelicidade não teve origem numa consciente perversidade humana, mas numa inconsciente adversidade da natureza circunjacente. Algo de desagradável me aconteceu — e por isto sou infeliz...

Enquanto eu continuar a viver nesta ilusão não estou remido das minhas misérias, não sou feliz.

Somente a verdade me pode libertar. Toda e qualquer ilusão me escraviza.

A grande ilusão está na tradicional identificação dos meus egos periféricos com meu Eu central, na funesta confusão daquilo que *tenho* com aquilo que sou; confundo os *teres* do meu ego com o *ser* do meu Eu. O meu ego e seus derivados são terrível alérgicos ao impacto das circunstâncias externas, às perversidades dos homens e às adversidades da natureza — mas o meu Eu é absolutamente imune e invulnerável. Posso sofrer todas as adversidades e perversidades — e, no entanto, ser profundamente feliz. Por outro lado, posso também gozar de todas as prosperidades externas e ser internamente infeliz.

Ninguém, exceto eu mesmo, pode fazer mal ao meu íntimo ser, que é o meu Eu eterno, individualização do Infinito — todos podem fazer mal ao meu externo ego, que é apenas um ter. Meu Eu é completamente invulnerável de fora, embora vulnerável de dentro.

"O que de fora entra no homem não torna o homem impuro, mas, sim, o que de dentro sai do homem..."

O meu externo agir é terrivelmente alérgico.

O meu interno ser é gloriosamente imune.

Uma vez adquirida essa definitiva certeza, entra o homem numa zona de indizível tranquilidade e beatitude.

Nada e ninguém mais o torna infeliz, embora tudo e todos o possam fazer sofrer.

Nada e ninguém o torna feliz, ainda que tudo e todos lhe possam dar gozo.

Basta que o homem entre em órbita — e será feliz; que transforme o seu egocentrismo em Eu-centrismo, teocentrismo, cosmocentrismo — e está resolvido o problema fundamental da sua vida. E a solução desse problema fundamental torna possível a solução de todos os outros problemas ou pseudoproblemas da sua existência.

A *egoconsciência* é a nossa infelicidade.

A *cosmoconsciência* é a nossa felicidade.

Desegofica-te, ó homem! Cosmifica-te — e serás feliz!

A primeira etapa para essa cosmificação é a *ética* do segundo mandamento: "ama teu semelhante como a ti mesmo"; o último é a *mística* do primeiro mandamento: "ama a Deus de todo o teu coração..."

* * *

O egocentrismo é uma herança da nossa animalidade infra--humana, intensificado pelo advento da inteligência. Todo ser vivo é necessariamente egocêntrico, embora o seu ego não lhe seja mentalmente consciente; todo ser vivo possui egocentrismo vital, que é a lei da conservação do indivíduo.

O egocentrismo animal não é perigoso, porque está circunscrito pelo círculo férreo do instinto automático, do qual não pode exorbitar. Perigoso é somente o egocentrismo consciente do homem, que pode exorbitar de todos os limites e arrasar tudo, enquanto não for controlado por uma força superior, pelo universalismo da razão espiritual. Somente quando o homem ingressa na zona superconsciente ou pleniconsciente da racionalidade do seu Eu universal é que ele contrabalança os excessos devastadores do seu ego personal, e estabelece o grande equilíbrio da harmonia universal.

E então a sua vida é inundada por uma paz dinâmica que nenhum egoísta profano é capaz de saborear...

Sabedoria dos outros

Dá-me, Senhor, a coragem de pôr em dúvida as minhas concepções pessoais e dá-me a humildade de aprender da experiência dos outros!

A felicidade não me acontece

Tudo me pode acontecer, menos a felicidade e a infelicidade. A felicidade e seu contrário não são produtos de circunstâncias externas, mas, sim, creação do meu ser interno; nascem das profundezas do meu centro cósmico divino, eterno. Queixar-se de injustiças alheias é pura cegueira e ignorância; porquanto ninguém me pode fazer mal a não ser eu mesmo, pelo abuso do meu livre-arbítrio. O meu livre-arbítrio é a chave para o céu e para o inferno, para o ser-feliz e para o ser-infeliz — é a onipotência divina em mim.

Eu habito num castelo inexpugnável.

As portas do meu castelo encantado não abrem pelo lado de fora — só abrem pelo lado de dentro.

Se eu abrir as portas do meu baluarte e for invadido pelo inimigo — de quem é a culpa?

I am the captain of my soul...

Circunstâncias externas podem, sem dúvida, facilitar ou dificultar o exercício do meu livre-arbítrio — mas nunca o podem forçar nem impedir; em última análise, eu sou o autor da minha vitória ou da minha derrota. O meu livre-arbítrio é a onipotência de Deus em mim. Na zona do meu livre-arbítrio cessa a lei férrea da causalidade automática; aí impera a causalidade espontânea da "gloriosa liberdade dos filhos de Deus". No plano da causalidade, como bem diz a ciência, nada se crea e nada se aniquila, tudo se transforma apenas; mas nas alturas da liberdade algo se crea e algo se aniquila; aí o homem é realmente autor de algo antes inexistente, ou destruidor de algo existente.

Fumaça e fogo

Quando a fumaça se torna muito intensa e quente, passa de preta ou cinzenta a ser branca, de branca se torna radiante, depois vítrea, ígnea — e, por fim, rompe em chama de fogo.

Assim, por vezes, os meus pensamentos humano-conscientes se tornam tão intensos que deixam de ser meus e passam a ser uma vibração do Infinito, radiação cósmica, inspiração divina. E então me sinto simples canal passivo, e não mais fonte ativa do meu pensamento, que deixou de ser meu, do meu ego consciente.

De *ego pensante* me torno *cosmopensado*.

Vida, pensamento, intuição — estas coisas não são produzidas pelo homem, mas são substâncias do Infinito, radiação cósmica que o homem capta e canaliza, assim como a antena de um receptor capta as ondas de uma estação emissora, tornando-as audíveis ou visíveis através do receptor.

Todo pecado consiste no fato de o homem se considerar *fonte* em vez de simples *canal*. Só Deus é Fonte — Ele, o Uno, o Único, o Todo.

O Universo é uma gigantesca estação emissora de Vida, Pensamento, Intuição. Basta que haja um Finito para captar algo da irradiação do Infinito — e aparecem as maravilhas da Vida, do Pensamento, da Inspiração.

Os pais não causam o filho.

O pensador não causa o pensamento. O místico não causa a inspiração.

Todos recebem do Infinito, na medida da sua receptividade, e canalizam essa parcela do Todo de acordo com a sua idoneidade.

Quem considera fonte quando é apenas canal ignora a sua função. Na natureza infra-humana nenhuma creatura se considera fonte, todas funcionam instintivamente como canais do Infinito e, por isto, na natureza tudo é harmonia e beleza. Com o homem começa a possibilidade do grande erro, de considerar o seu canal como fonte — e isto é o pecado do ego, a grande *hybris*.

A redenção está em ultrapassar esse erro e entrar na zona da verdade, fazendo conscientemente o que a natureza faz inconscientemente: “As minhas obras não são minhas, mas são do Pai que em mim está... Eu de mim mesmo (do meu ego) nada posso fazer”.

De, em, para

Tudo vem do Infinito.

Tudo está no Infinito.

Tudo volta para o Infinito.

Mas o modo de voltar varia. Os seres infra-humanos voltam para o Infinito, donde vieram, dissolvendo-se nele e deixando de existir como indivíduos finitos; continuam a ser como Realidade Universal, mas deixam de existir como Indivíduos Realizados. O Real do seu ser coincide com o Irreal do seu existir.

Somente o homem, dentre as creaturas da terra, pode perpetuar a sua *existência individual*, o seu Eu existencial, quando regressa ao grande Todo Universal, donde veio e no qual está. O homem, graças à sua experiência espiritual, pode integrar-se no Infinito, em vez de *dissolver* o seu Finito no Infinito e deixar de existir como homem.

Tudo, quando morre, deixa de existir e continua a ser — somente o homem, quando morre, pode continuar a existir individualmente; não necessita de se diluir no oceano do Nirvana Universal.

De que depende essa perpetuação da existência individual?

Depende da experiência vital "Eu e o Pai somos um." Eu, o Finito, sou uma forma existencial da Essência Universal.

O que é essa experiência vital imortalizante, ninguém o sabe a não ser que a tenha vivido em toda a sua veemência e plenitude.

Saber é Ser. Quem não é aquilo que quer saber não o sabe.

Só *sei* realmente aquilo que *sou*.

Quando meu *saber* coincide com o meu *ser,* então eu sei realmente, e então o meu saber é uma força creadora irresistível.

Esse dinâmico *ser-saber* é um carisma, que não pode ser manufaturado pelo ego consciente, mas é recebido do Infinito pelo Eu cosmosciente, supondo que o Eu seja idôneo para conceber essa prole divina. Em face do Infinito, a alma humana é essencialmente feminina, que não pode dar antes de receber, ou conceber o germe da Vida Divina, se permitir ao Pai Eterno que a fecunde com o poder da sua graça: "Eis aqui a serva do Senhor — faça-se em mim segundo o teu Verbo" — somente esta atitude de humilde receptividade é que torna a alma idônea para conceber o Verbo — e então o Verbo se faz carne e habita a alma, cheio de graça e de verdade.

Filosofia cósmica do Evangelho

O capítulo 14 do *Evangelho* de João é, todo ele, uma proclamação de Filosofia Cósmica, ou seja, de puro Monismo Universal. Se eu e o Pai somos um; se o Pai está em mim, e eu estou no Pai; se o Pai está em todos os homens; se as obras que fazemos não são nossas (dos nossos egos), mas do Pai; se nada podemos fazer por nós mesmos (pela força do ego), mas se o Pai em nós faz tudo que fazemos — que é isto senão proclamar a imanência de Deus em todos os homens? Declarar que existe uma Fonte única cujas águas derivam através de canais múltiplos?...

Em face disto, é deveras estranho que as teologias ocidentais, que se dizem cristãs, tenham construído sistemas *dualistas*, quando é evidente o grandioso *monismo* professado pelo Cristo. As nossas teologias herdaram o dualismo da sinagoga judaica e não aceitam o monismo do *Evangelho* do Cristo. É estranho que a ideologia do judaísmo tenha contaminado as grandes religiões e filosofias do mundo ocidental, o Islã (com cerca de 250 milhões de adeptos) e o Cristianismo eclesiástico (com mais de 800 milhões). Até o fim do terceiro século da era cristã predominava no seio do Cristianismo a filosofia monista dos neoplatônicos, com sede em Alexandria; a partir do quarto século prevaleceu o dualismo aristotélico, mais tarde codificado em teologia escolástica por Tomás de Aquino e, finalmente, oficializado pelo Concílio de Trento, no século XVI. O que presidiu a essa grande mudança não foi a causa da verdade do *Evangelho* do Cristo e sim, a preocupação da unidade da igreja, que parecia impossível sem uma poderosa hierarquia eclesiástica. O conceito de hierarquia (autoridade ditatorial de cima e obediência incondicional de baixo) é incompatível com a filosofia monista; se Deus está imanente no homem, então a autoridade externa perde o melhor da sua autoridade. A hierarquia triunfante exigia, pois, a doutrina dualista de um Deus transcendente, ausente do homem e do mundo, para que a autoridade pudesse exercer o seu decisivo impacto sobre a massa ignara dos obedientes incondicionais.

Sucumbiu a causa da *Verdade* à política do *Poder*.

A verdade libertadora é do *Eu divino* — o Poder escravizante é do *ego humano*.

As nossas teologias dualistas, interessadas no Poder e não na Verdade, são feitas, sob medida, para jardins de infância e escolas primárias de evolução espiritual — ao passo que o monismo universal do *Evangelho* é um ingresso na Universidade do Espírito do Cristo.

É esta a razão por que as religiões profundamente monistas da Ásia, sobretudo da Índia, não aceitaram, nem jamais aceitarão em maior escala, o "nosso" cristianismo, ou pseudocristianismo. Também, por que tornar a soletrar o á-bê-cê da escola elementar quando se está no curso universitário?

O escol do Cristianismo genuíno está em vésperas de reatar o fio do monismo universal dos primeiros séculos, e assim abrir caminho para a reconciliação do Ocidente com o Oriente, através da harmonia espiritual do *Evangelho* do Cristo com a *Bhagavad Gita* de Krishna.

Universo — e nada mais

A única filosofia digna deste nome deve navegar sob o signo do UNIVERSO — *um* em *diversos*, unidade com pluralidade, uma só causa revelada em muitos efeitos.

E isto vale tanto do *macrocosmo sideral* como do *microcosmo humano*.

Não há um único círculo monocêntrico no Universo — só há elipses bicêntricas.

A palavra UNIVERSO é elíptica, gravita em torno de dois polos, o *uno* e o (di)verso, a causa una com efeitos múltiplos.

Platão, Aristóteles, Descartes, Kant, Spinoza, Hegel, Bergson, Hermes, Buda, o *Kybalion*, os *Vedas*, a *Bhagavad Gita*; as escolas empírica, metafísica, racionalista, idealista, existencialista — tudo isto pode ser aceito como outros tantos afluentes do "Amazonas" da *Filosofia Univérsica*, mas não pode servir como seu fundamento. Para nós, da Filosofia Cósmica ou Univérsica, só existe uma bandeira e um paradigma orientador: UNIVERSO.

É esta, sem dúvida, a mais bela palavra que existe em língua latina. Só um gênio podia crear palavra tão genial. Os próprios helenos, com o vocábulo *kosmos*, não atingiram a genialidade da palavra "Universo".

A Unidade sem diversidade é *monotonia*.

Diversidade sem unidade é *caos*.

Unidade com diversidade é *harmonia*.

O universo, seja o de fora, no mundo sideral, seja o de dentro, no mundo humano, simboliza harmonia.

Fora da harmonia não há filosofia.

A harmonia é equidistante da monotonia e do caos.

Dentro do homem, essa harmonia se chama *autorrealização*, cuja manifestação é o *Homem Cósmico*, que uma vez apareceu na face da terra como o Cristo.

O Homem Cósmico gravita invariavelmente em torno de dois centros: a mística do primeiro mandamento revelada na ética do segundo mandamento. A raiz divina do *autoconhecimento* produzindo o fruto humano da *autorrealização*.

O Homem Cósmico é essencialmente bipolar, elíptico, como todo o cosmos de fora. Fosse o homem apenas *mística vertical*, ou apenas *ética horizontal*, acabaria ou em silenciosa monotonia, ou em ruidoso caos. Mas o Homem Cósmico é vertical-horizontal, interno-externo, místico-ético, solitário com Deus do mundo e solidário com o mundo de Deus; e por isto é ele suprema harmonia, cheio de graça e de verdade, "duro como diamante e delicado como flor de pessegueiro".

A *Filosofia Univérsica* é como a luz integral, incolor em sua causa una, e multicolor em seus efeitos vários.

Assim, deve o Eu invisível e incolor desentranhar-se nos egos visíveis e multicolores.

Tanto o *Evangelho* como a *Bhagavad Gita* frisam esse caráter passivo-ativo do homem, a força interna que se revela em atividade externa.

Na razão direta que o homem percebe a sua unidade interna, mais se sente ele impelido às pluralidades externas, na certeza de que estas não destroem, mas intensificam aquela.

Esse crescente poder de unidade interna o liberta cada vez mais das suas limitações externas.

A tragicidade do existir e do agir, engendrada pelo ego separatista e neutralizada pelo próprio existir e agir do Eu unista, o indivíduo indiviso redime homem da sua *persona* divisa; o Eu *religa* o que o ego *desligou* — e isto é *relígio, yôga*, redenção.

Trágico não é o existir e o agir — trágico é somente o existir e agir egoísta, interesseiro, visando a objetos, frutos e resultados externos. A tragicidade existencial do ego é abolida pela jubilosa atividade do Eu, que trabalha intensamente, mas renuncia a cada passo aos frutos do seu trabalho. Quem trabalha por amor a objetos, peca, crea *karma*, débito, tragicidade — mas quem trabalha por amor ao sujeito, pelo aperfeiçoamento do Eu divino, da alma humana, esse se redime do débito kármico através da própria atividade. O Lúcifer do ego é remido pelo Cristo do Eu.

"Que aproveita ao homem ganhar o mundo inteiro (objetos) se sofrer prejuízos em sua própria alma (sujeito)?"

Carbono, oxigênio, fósforo, luz

A fim de compreender a Constituição do Universo deve o homem basear-se nos fatos seguintes:

1 — Os seres *vegetais* têm por base o *carbono*. As plantas, durante o dia, inalam carbono e exalam oxigênio; de noite exalam carbono, razão por que não convém ao homem dormir, de noite, no meio de plantas, sobretudo em recinto fechado, porque o homem necessita inalar oxigênio e exalar carbono. Com o auxílio da clorofila, as plantas realizam a fotossíntese, transformando em substâncias orgânicas os elementos inorgânicos, os sais da terra diluídos na água; e assim preparam os nossos alimentos.

2 — Os *animais* têm por base o *oxigênio*, tanto assim que nenhum animal pode viver, nem por cinco minutos, sem inalar oxigênio.

3 — Os seres *intelectuais*, aqui na terra, são capazes de pensar devido à presença de fósforo (fosfato e seus derivados), substância predominante nos nervos e no cérebro. A palavra grega fósforo é composta de *fôs*, que quer dizer luz, e *foro*, que significa trazer, portar. As palavras correspondentes em latim são *lux (lucis)* e *fero*, que quer dizer trazer, portar. A palavra latina para *fósforo* é *lúcifer*; ambas significam porta-luz. Trata-se de luz intelectual, do despertar da consciência. O fósforo, ou lúcifer, é a base do despertamento da consciência intelectual, assim como o oxigênio é a base da vida animal, e o carbono é a base da vida vegetal.

4 — A base da vida *racional* (espiritual) é a luz *cósmica* — "*vós* sois a luz do mundo".

Sendo que, segundo a ciência atômica, como afirma o livro sobre o *Campos Unidos*, de Einstein, a luz cósmica é a base de todos os elementos do Universo, um ser que adquira corpo-luz contrói o seu corpo indissolúvel, base da imortalidade individual.

* * *

As entidades *elementais*, os tais *demônios* (não o diabo!) povoam a zona intermediária entre os *animais* e os *intelectuais*. Possuem fósforo insuficiente que não lhes permite pensar humanamente; e são ávidos por se apoderarem de fosfato mais denso e abundante e, por isto, têm a tendência de sugar o fosfato humano, agarrando-se como vampiros (ou encostos) ao cérebro e aos nervos do corpo humano, onde encontram fósforo mais condensado. O resultado desse vampirismo fosforossuga é o debilitamento da substância fosfórica no homem, e a subsequente decadência vitalidade mental.

Alguns desses elementais se acham em processo de involução e sabem que a diminuição gradual do seu fósforo os levará, paulatinamente, ao abismo da inconsciência, ao marco zero da inteligência. Por isto se agarram freneticamente a fontes de fósforo, que encontram em elevado grau no organismo humano.

Os elementais de que falam os Evangelhos, os *tais demônios* ou *espíritos impuros*, quando se encontram com Jesus, o Cristo, pressentem o perigo e gritam de longe: "Por que vens atormentar-nos antes do tempo?... Se nos mandares sair daqui, não nos manda para o abismo — dá licença que entremos nos porcos."

E aqueles dois mil porcos foram invadidos pela legião de elementais que saiu do possesso de Gérasa; e foi tamanho o impacto deles sobre esses animais, que possuem pouquíssimo fósforo, que os suínos pereceram todos no lago, depois de explorados.

Afirmam os entendidos que os arredores de matadouros são povoados de entidades elementais, que sugam o fósforo do sangue fresco dos animais recém-assassinados pelo homem.

O fosfato existente na carne e no sangue de animais, sobretudo mamíferos, é inferior ao do corpo humano; mas, devido a sua afinidade próxima com este, contamina e degrada facilmente o fosfato humano, podendo ser transformado por ele. O fosfato dos peixes e das aves possui apenas afinidade remota com o fosfato do corpo humano, podendo ser transformado por ele, razão por que não há grande perigo de contaminar o do corpo humano. Moisés proibiu os israelitas de comerem carne de porco e carne de animal estrangulado — e ele sabia por que...

Quando um médium cai em transe, estado subconsciente, liberta boa quantidade do seu fósforo, o qual pode então ser utilizado pelos elementais. Plasma e ectoplasma são substâncias fosfóricas. Nas experiências científicas que, na Europa, fiz com diversos médiuns, sobretudo com Maria Silbert, na cidade de Graz (Áustria), como referi no meu livro autobiográfico *Por Um Ideal*, fotografamos o ectoplasma fosforescente do célebre "Apolo" que se formava ao lado da médium.

É perigoso irradiar plasma fosfórico, porque nem todo ele volta ao corpo; a reabsorção não se dá totalmente, perdendo-se uma parte dessa preciosa substância indispensável ao funcionamento normal da inteligência. Daí o perigo de involução mental.

Sobre este fato se baseia, certamente, a proibição de Moisés, no livro *Deuteronômio*, de "invocar os mortos"; afirmando que "tais coisas abomina o Senhor" e por tais maldades exterminará ele esses povos". É natural que povos mentalmente decadentes pela perda de fosfato acabem por sucumbir a outros povos de superioridade mental.

* * *

Os veículos da vida — carbono, oxigênio, fósforo, luz — podem ser indefinidamente melhorados pelo homem dotado de livre-arbítrio, que é a essência da racionalidade espiritual do homem, a ponto de lhe garantir a imortalidade individual; porquanto, "vós sois a luz do mundo" (em grego: *fôs tou cosmou*, a luz cósmica).

Pelo renascimento espiritual o homem lucifica tão intensamente a luz do seu corpo que ela se identifica com a luz cósmica do Universo.

Dimensional — indimensional

Os nossos sentidos percebem unicamente objetos dimensionais.

O nosso intelecto concebe realidades indimensionais, como relações, verdade, causalidade, qualidade, que não têm peso, nem medida, nem forma, nem cor, sendo, portanto, puríssimos nadas para os sentidos; para o intelecto, porém, são solidamente reais, tanto assim que toda a nossa civilização e cultura estão baseadas nestas realidades indimensionais.

Entretanto, essa indimensionalidade é relativa, porque "nada está no intelecto que não tenha estado nos sentidos". Não podemos conceber essas *qualidades abstratas* a não ser como inerentes em alguma *quantidade concreta*. A indimensionalidade concebida pelo intelecto sofre da tara da dimensionalidade percebida pelos sentidos — e deste "pecado original" consegue o homem físico-mental libertar-se totalmente, enquanto permanecer nesse plano horizontal.

A nossa razão, porém, intui realidades absolutamente indimensionais, porque não provenientes de objetos dimensionais, mas totalmente independentes de qualquer causalidade mecânica; intui qualidade pura, que pode revelar-se em quantidades, mas não depende delas.

A razão age num plano incausal, livre de qualquer causalidade mecânica.

Quando o grande Demócrito de Abdera, alguns séculos antes da era cristã, elaborou a sua "Teoria Atômica", de que Einstein fala com reverência, teve ele uma visão da verdade suprema, de que o *divisível* é derivado do *indivisível* (em grego: átomo), que a quantidade vem da qualidade, que o impuro Existir é manifestação parcial do puro Ser. Esta visão é essencialmente *racional*, lógica (segundo o *logos*, a razão), e não pode ser derivada do *intelectual* nem do *sensorial*.

A mais pura lógica e a mais inexorável matemática nos obrigam a confessar que todo mundo dimensional é derivado da Realidade indimensional. Se a transição do Infinito para o Finito é creação, então o conceito da creação é uma verdade rigorosamente científica e matemática.

Na creação o efeito nasce do Nada da existência — que é ao mesmo tempo o Todo da essência. A creatura vem do *Nada existencial* — que é o *Todo essencial*.

Todos os dimensionais do mundo finito vêm do indimensional do mundo infinito.

Redenção pela cultura?

O homem que passou pelos horrores de duas guerras mundiais não pode mais crer na força redentora da nossa cultura e civilização, como pretendiam certos otimistas do século passado. Ciência e técnica, cultura e civilização não redimem o homem.

"Abrir uma escola é fechar uma cadeia" — nenhum homem pensante pode continuar a endossar semelhante ingenuidade. Os grandes malfeitores da humanidade não foram os analfabetos nem os idiotas, mas homens de notável inteligência e, não raro, de grande erudição — porém sem experiência espiritual.

A redenção do homem não está no prolongamento do Lúcifer mental — mas, sim, no descobrimento do Cristo espiritual. Nenhuma religião promete o céu aos inteligentes, mas, sim, aos bons, diz Einstein.

Tanto o Lúcifer como o Cristo residem no homem, no seu ego e no seu Eu; mas, enquanto o Lúcifer mental já está em plena adultez, o Cristo espiritual se encontra ainda na primeira infância, ou ainda em mera gestação...

Invocar e evocar das profundezas da natureza humana esse Cristo infante ou nascituro — é este todo o problema do homem em evolução.

Infelizmente, os nossos teólogos, recaindo ao velho dualismo da sinagoga judaica, fazem crer à humanidade que Lúcifer e Logos, Satã e Cristo, são entidades alheias ao homem e fora dele; que aquele nos fez pecadores e este nos fará justos.

A Filosofia Cósmica, porém, sabe que o homem é tanto Satã como Cristo; se nele prevalece o ego, fala Satã; se nele triunfa o Eu, reina Cristo.

"O reino dos céus está dentro de vós... mas é um tesouro oculto..."

O filósofo, antes de Pitágoras, era chamado *sóphos*, isto é, "sábio". O grande iniciado de Samos achou que esse qualificativo competia somente ao Infinito (Deus), que tudo sabe ou saboreia; mas o homem finito só pode ser um buscador da sabedoria, um "amigo da sabedoria", ou "filósofo".

A ciência é do intelecto.

A sabedoria é da razão.

A ciência intelectual é analítica.

A sabedoria racional é intuitiva.

O homem intelectual produz a ciência.

O homem racional recebe a sabedoria.

A sabedoria é um carisma, uma graça, uma dádiva do Infinito, que é concedida ao homem que tenha creado em si um ambiente propício para a receber.

Tolerar — ou compreender?

Ser tolerante para com outras religiões e ideologias parece grande elogio a muita gente — quando, de fato, é uma atitude assaz censurável, embora melhor que a intolerância. O que muitos entendem com "ser tolerante" é o seguinte: Eu estou com a verdade, você está no erro; mas como eu sou um sujeito bom e pacífico, eu tolero generosamente os seus erros — sou tolerante.

Esta espécie de tolerância é, no fundo, orgulho e hipocrisia.

Mas quando alguém compreende que cada indivíduo tem o seu caminho peculiar rumo à verdade, e que cada um tem o direito e o dever de seguir o caminho que condiga melhor com a sua índole individual, então não despreza nem "tolera" simplesmente os seus companheiros de jornada que trilham outros caminhos; mas a sua visão panorâmica lhe diz que esses seus sócios de ideal são seus amigos e colaboradores — assim como as cores várias de um prisma são todas manifestações da única luz incolor, e nenhuma das cores tem o direito de desprezar as outras como sendo erradas; o vermelho, o verde, o azul, etc. são todos efeitos complementares da causa única da incolor. Nenhuma "tolera" a outra.

Complementaridade não é hostilidade.

A harmonia do universo exige variedade na unidade.

Onde há verdadeira compreensão da verdade, aí acaba tanto a intolerância como a tolerância.

Será que a rosa deve tolerar o cravo? Será que o rubi deve tolerar a esmeralda? Será que o condor deve tolerar o canário?...

Pensar — ou repetir?

Os sistemas modernos de instrução e educação têm a tendência de crear *repetidores* de pensamentos alheios, em vez de *pensadores autônomos*. Os estudantes devem decorar, memorar, repetir o que os livros e professores dizem, sem saberem, por si mesmos, discriminar o verdadeiro e o falso.

Estamos na era dos "cérebros eletrônicos"...

E com isto enchemos o mundo de autômatos humanos, reatores atômicos, cuja reação corresponde mecanicamente à ação. Em face do poder da nossa publicidade comercial, o homem perdeu quase totalmente o critério próprio; compra o que o rádio, a televisão, o jornal, o cartaz mandaram comprar, convencido de que necessita aquilo que apenas deseja.

Do homem moderno se pode dizer o que a física afirma da natureza. Nada se crea, nada se aniquila, tudo se transforma.

O homem superior, porém, é creador; produz novos valores, enriquece o mundo com novos pensamentos e experiências inéditas. Não é simples repetidor — é poderoso creador.

Todo progresso verdadeiro da humanidade se baseia em dois princípios: 1) conformidade, 2) não-conformidade; ou seja: tradição e evolução. Deve o homem aceitar do acervo do passado o que nele há de verdadeiro e bom — e deve acrescentar-lhe do tesouro do presente e do futuro o que nele há de verdadeiro e bom.

E essa fusão do *verdadeiro* e do *bom*, *quer* do passado, quer do presente e do futuro, resulta no belo universal.

Almas unidas

Conferência de Haya, Liga das Nações, Nações Unidas — todas essas e outras organizações internacionais falham no mesmo ponto básico: falta-lhes o fator das Almas Unidas.

Toda unidade simplesmente decretada é precária.

Somente uma unidade vivida é que é sólida.

Mas essa unidade das almas não pode ser objeto de decretos e leis mentalmente excogitados — tem de surgir das profundezas de uma evolução orgânica e interna do homem, do homem individual, e não da humanidade social.

Na Igreja Romana há ou havia uma grande unidade e uniformidade, a qual, todavia, tem mais de mecânico que de orgânico, mais de compulsório que de espontâneo; é uma unidade oriunda de uma imposição externa e não de um impulso interno, e por isto periclita na razão direta da libertação mental e espiritual do homem. A unidade mecânica, autoritário-obediencial, ganha com a ignorância e perde com a sapiência do homem.

A unidade orgânica e espontânea começa lá onde termina a unidade mecânica e compulsória e, como humanidade progride, e não regride, mental e espiritualmente, a unidade orgânico-espontânea só pode ganhar o futuro, quando a outra só tem que perder.

Conferências — ou experiência?

Toda vez que, aqui no Brasil, assistimos a uma controvérsia religiosa, temos quase certeza de que se trata de "-ismo" em conflito.

Entretanto, o problema fundamental do homem e da humanidade nada tem que ver com "-ismos". Não gira em torno de alguma doutrina, mas está relacionado com a questão de experiência ou inexperiência. Estou sendo bombardeado, ultimamente, com prospectos e convites a congressos, nacionais e internacionais, de Religião, Filosofia, Espiritualidade, etc. Os temários são estupendos; em alguns deles figura até esta coisa mirabolante que se intitula "concurso de beleza espiritual". Difícil me é imaginar como essas "misses" de beleza espiritual se exibirão na passarela, também espiritual, e qual o critério dos juízes sobre a anatomia das candidatas à realeza do mundo espiritual. E, sobretudo, quais os juízes assaz espirituais para ajuizar sobre o valor da beleza espiritual.

Mostra tudo isto que os protagonistas desses movimentos deixam de perceber o alvo central de toda a evolução superior do homem.

Que interessam, em última análise, belos programas e eruditas dissertações?

O que interessa centralmente é uma coisa só: ultrapassar o plano atual da nossa consciência-ego e entrar na zona superior de uma consciência-Eu.

Mas essa conquista é algo eminentemente individual e íntimo, que não pode ser objeto de eruditas discussões, programas de rádio e televisão. Esse passo só pode ser dado no silêncio e no anonimato. Os poucos que possuem experiência superior não comparecerão a esses congressos — e os muitos que comparecerem não possuem experiência real.

Os poucos experientes habitam no silêncio do anonimato.

Os muitos inexperientes vociferam no barulho e na ampla publicidade.

Doutrinas e sistemas, é verdade, podem, por vezes, apontar o caminho para essa experiência, quando nascidos de experientes. Podem servir de setas indicadoras à beira da estrada, nas encruzilhadas duvidosas; mas a seta não tem valor imanente, só cumpre a sua missão pela transcendência quando contemplada e depois abandonada. O sentido da seta é precisamente aquilo que não está presente nela, mas ausente dela, isto é, o lugar longínquo que ela indica ao viajor. E o viandante só cumpre a silenciosa mensagem da seta quando a abandona fisicamente a fim de lhe realizar a missão metafisicamente.

Do Gênesis ao Apocalipse

Esses dois livros da Bíblia, o primeiro e o último, encerram, simbolicamente, todo o drama da evolução ascensional do homem. O Gênesis trata da transição do *subconsciente* (Éden) para o *consciente* (Serpente), e indigita a alvorada do *superconsciente* (poder que esmagará a cabeça da serpente). O homem ignorantemente inocente, o homem egoconscientemente pecador, e o homem cristoconscientemente remido.

O Apocalipse focaliza o mesmo problema; fala do aparecimento da *fera* do abismo (homem subconsciente), de *Lúcifer* (o homem *egoconsciente*) e do *Cristo* (o homem *cristoconsciente*).

Por ora, a humanidade está no plano de Lúcifer, o "porta-luz"; algum dia atingirá as alturas do Logos, a "luz do mundo". A semiluz da alvorada preludiando a pleniluz do dia. O *phósphoros*, palavra grega para porta-luz, Lúcifer, precede o *phôs*, a luz, como já dizia, nos primórdios do Cristianismo, o grande Orígenes.

Para os ignorantes é blasfemo dizer que Lúcifer é o precursor do Logos. No entanto, a verdade é esta: O *felix culpa* e o *vere necessarium Adae peccatum*, do hino pascal *Exultet*, é um absurdo perante a teologia intelectualista, mas é uma sublimidade à luz da filosofia cósmica. Vela e revela uma grande verdade. Os grandes paradoxos são as grandes verdades.

As grandes verdades, porém, são veneno para os pequenos consumidores — e são alimento para os grandes assimiladores.

Pouco se pode dizer a muitos.

Muito se pode dizer a poucos.

Muito nunca se pode dizer a muitos.

Aos infantes se deve dar leite para beber.

Aos adultos se pode dar comida sólida para comer.

A verdadeira *parousia*, o segundo advento do Cristo, se realizará quando a *semiluz* da madrugada intelectual culminar na *pleniluz* do meio-dia espiritual.

O segundo advento do Cristo

Os tessalonicenses e muitos outros cristãos do primeiro século aguardavam o regresso do Cristo glorioso, ainda naquele período histórico.

Schweitzer acha que Jesus se enganou quanto ao tempo de sua volta à terra, mas que esse equívoco do Jesus humano não invalida a sabedoria do Cristo divino, o qual continua a ser o mestre espiritual infalível da humanidade.

Será que o advento do Cristo se deve entender em sentido físico, como esses cristãos supõem tacitamente? Será que não é um acontecimento espiritual dentro das almas humanas, quando estas adquirirem plena consciência da realidade do Cristo? Quando a *semiluz* matutina da inteligência analítica culminar na *pleniluz* meridiana da razão intuitiva?

Então o *porta-luz* (Lúcifer) cederá à *luz do mundo* (Cristo).

Segundo as leis eternas da evolução, não pode o *redentor* redimir os *pecadores* irredentos enquanto estes não esgotarem todos os recursos pessoais da sua pretensa egorredenção. A humanidade de hoje crê ainda numa egorredenção pela ciência, técnica, cultura, progresso, pelo ritualismo legal ou sacramental. Só quando todas essas tentativas de egorredenção tiverem sido experimentadas, e tiverem falhado, então desistirá a humanidade desses tentames egocêntricos e abrirá as portas para a Cristo-redenção, acordando o Cristo dormente dentro de si mesmo.

Então o *porta-luz* (Lúcifer) cederá à *luz*.

Gênio platônico — talento aristotélico

Platão viu o "sol da meia-noite" — o eterno *Nóumenon* através de todas as nuvens dos *Fenômenos*. Ele é um ultravidente; intuiu o fim último de tudo, e por isto não lhe interessam os meios intermediários de que trata Aristóteles.

A filosofia platônica não é *propinquamente presentista*, mas sim *longinquamente futurista*; Platão não escreve para esta humanidade imperfeita, mas para uma humanidade perfeita que ele vislumbra, para além de tempo e espaço.

Para o homem honestamente medíocre, Aristóteles é muito mais aceitável do que Platão; por isto, Aristóteles é considerado o "príncipe da filosofia", porque hoje em dia é príncipe o homem mediocremente talentoso, e não o homem altamente genial.

O gênio intui a *Meta* suprema — mas pouco se dá dos *Métodos*.

O talento se ocupa em analisar os métodos que conduzam à meta, essa meta que ele, não raro, desconhece. O contato com a meta não é feito por meio de cálculos e análises, mas em virtude de uma intuição experiencial, que o gênio fareja, e o talento ignora.

Esta indiferença em face de qualquer sistematização metódica de caminhos doutrinários, que caracteriza a filosofia de Platão — que é sua grandeza e sua pequenez — é o signo da genialidade. O gênio não esquematiza, não dogmatiza, não lança trilhos, não elabora métodos, não constrói pontes, não fabrica veículos — aponta longínquos horizontes; abre vastas perspectivas e dá plena liberdade a todos para descobrirem caminhos próprios rumo à Meta.

Estabelecer métodos e esquemas concretos é dogmatizar, tiranizar, estereotipar, restringir a liberdade — e tudo isto é relativamente necessário, em face da nossa fraqueza.

É o que Aristóteles faz, como bom talento — e é esta a razão por que Tomás de Aquino adotou a filosofia do Estagirita como padrão da sua teologia hierárquica que, no fundo, procede do mesmo modo. Aristóteles é um filósofo dogmático — Tomás de Aquino é um dogmático filosófico —, ambos exímios talentos e hábeis codificadores, nenhum deles um gênio creador como Platão, como Jesus, como Francisco de Assis.

Os profetas de Israel estão na linha platônica — os sacerdotes da sinagoga seguem o espírito aristotélico.

Platão é o patrono de todos os místicos intuitivos — Aristóteles é o padroeiro de todos os escolásticos analíticos.

Uma só meta e um só método — brasiásticas, das Cruzadas e Inquisições, de todos os ditadores.

Uma só meta e um só método — brandam os talentos, os sacerdotes, os intelectualistas, os luciféricos.

Toda liberdade é da genialidade mística — toda ditadura é da talentosa análise.

Platão é o inspirador do Evangelho do Cristo — Aristóteles é o precursor das teologias eclesiásticas, das Cruzadas e Inquisições, de todos os ditadores.

A filosofia platônica é Universidade para adultos — a epistemologia aristotélica é colégio para adolescentes.

O gênio aponta a direção em que se encontram as grandes minas de ouro, as jazidas de pedras preciosas — mas não faz artefatos desse material, que é tarefa de talentos e operários medíocres.

Theoria quer dizer visão.

Praxis é ação.

O gênio tem longínquas visões da verdade, intuições creadoras, vidências dinâmicas — o talento desce a atos propínquos de utilidade imediata.

"You released me from all my prisons"

Foram estas as palavras com que uma senhora se despediu de mim, no fim de uma série de conferências sobre a "Verdade Libertadora", que realizei Washington. "O senhor me libertou de todas as minhas prisões" — e seus olhos irradiavam profunda gratidão, segurança e felicidade.

É este o escopo supremo de toda filosofia: libertar o EU, a alma humana, das prisões que o ego creou dentro e em torno do homem. No momento em que homem vive a verdade sobre si mesmo, liberta-se de todas as velhas prisões, nascidas da ignorância do erro.

Unitário, diversitário, univérsico

Platão é unitário — Aristóteles é diversitário.

O primeiro vê a Realidade do *Uno*, o segundo a enxerga no *Verso*.

A Verdade, porém, não é platônica nem aristotélica, não é unitária nem diversitária — ela é *universitária*, uma síntese orgânica do *uno* e do *verso*. Ela é *una* em sua essência e *diversa* em suas existências — o Universo, Univérsica.

Platão e Aristóteles representam os dois polos antitéticos da grande síntese, e por isto não são *contrários*, mas *complementares* um do outro.

A Realidade lntegral é univérsica, una e diversa, simples e múltipla, um maravilhoso conúbio entre causa e efeito, entre Brahman e Maya, entre Deus e o mundo, entre espírito e matéria, entre o eterno Ser e o Temporário Devir.

Universo — Versuno!

Na ordem ontológica do Ser predomina o *Universo* — na ordem lógica do conhecer prevalece o *Versuno*. O que é primeiro é o Uno, a Causa — mas o que o homem primeiro conhece é o (di) Verso, os Efeitos.

Platão é ontológico — Universo.

Aristóteles é lógico — Versuno.

Transcendente — imanente

O Transcendente é o Infinito em si mesmo e, como tal, não é objeto do nosso conhecimento finito; está *trans*, além de todo o nosso contato mental.

Mas como o Transcendente é imanente em todos os finitos, é ele cognominável como Imanente, finitizado.

Quando Platão afirma que o Infinito (Universal) é o único Real e que os Finitos (Individuais) são meras aparências irreais, toma ele a perspectiva ultravidente do místico. De fato, o Infinito não *existe* (ex-sistir = colocar fora); o Infinito, como tal, *é*. O Infinito só existe como Finito; o Transcendente só existe na forma do Imanente. A Infinita Transcendência é, para nós, inexistente, porque totalmente inacessível ao nosso conhecimento finito. Para nós só existe o que é cognoscível, consciente; o que não é cognoscível é, para nós, inexistente, irreal, embora, ontologicamente, infinitamente Real.

O TODO é, para nós, O NADA.

O Real, o Pleni-Real, o Oni-Real, é, para nós, o Irreal.

Somente o Semi-Real, o Parte-Real, o Realizado, é que nos é acessível como sendo Real. Tudo que, à luz do nosso conhecimento lógico, é chamado Real, é apenas um Realizado, isto é, um Real Relativo, mas não o Real Absoluto.

Para nós, *Brahman*, que "é", apenas "existe" como *Maya*, ou como *Atman*; ele é na sua Infinita Transcendência; mas existe na sua Finita Imanência, ao alcance da nossa faculdade cognoscitiva.

E como poderíamos afirmar ou negar algo Incógnito e Incognoscível?

Somente o Cógnito ou Cognoscível é afirmável ou negável.

O ateu, que afirma ter certeza da não existência de Deus, comete enorme erro de lógica, como se o não existente fosse objeto do seu conhecimento!

O agnóstico, que afirma não saber se Deus existe ou não existe, pelo menos está dentro da lógica.

O Trancendente ou Infinito é, para nós, o Absoluto Nada, o Irreal.

E por ser o Infinito o grande Anônimo, o Amorfo, o Incolor, por isto lhe damos tantos nomes, tantas formas, tantas cores. Não fosse tão anônimo, e não seria tão variavelmente nominado.

Toda essa multidão de nominações que damos ao Anônimo e Inominável é prova da nossa limitação cognoscitiva.

O nosso conhecer é um prisma multicor em demanda do Incolor.

São ruídos vários em busca do Silêncio.

São existências efêmeras clamando pela Essência eterna.

Quando o homem se abisma diuturnamente, intensamente, profundamente, na contemplação desta verdade suprema, vem sobre ele uma grande paz e serenidade, que brotam do Infinito, do Eterno, do Absoluto...

Só pode ser existencialmente feliz quem vive essencialmente...

O mistério da esfinge

Meio leão, meio mulher, síntese de força e beleza, deitada de cabeça erguida, a contemplar, com os olhos vácuos plenos de eternidade, o longínquo horizonte do maior dos desertos do mundo — que maravilhoso símbolo de contemplação cósmica!...

Poder e amor, verdade e beleza — estupendo emblema de autorrealização, grandiosa concretização do Homem Cósmico!...

Poder *versus* verdade

Durante uns três séculos, professou o Cristianismo uma filosofia cheia de graça e de verdade.

No início do quarto século apareceu Constantino Magno, o imperador romano pseudocristão, e viu que esse movimento podia ser utilizado para seus fins profanos de poder e de ambição política. Prometeu à igreja do Cristo "todos os reinos do mundo e sua glória", se ela lhe caísse aos pés e o adorasse como seu Deus protetor.

E a igreja de Cristo, na sua forma hierárquica, caiu aos pés do Anticristo. Este lhe deu todos os reinos do mundo e sua glória —

prestígio político, dinheiro, armas — todos os recursos do "príncipe deste mundo".

O *Poder* em troca da *Verdade*...

A igreja de Cristo, na pessoa de seus hierarcas, esqueceu-se de que o reino do Cristo não era deste mundo, embora opere neste mundo.

É esta a razão última por que o Cristianismo perdeu a força de transformar o mundo profano. Apostatou do Cristo da Verdade, alistando-se ao Anticristo do Poder. Recebeu todos os reinos do mundo e sua glória — mas perdeu o reino do Cristo que não é deste mundo...

O Poder é do ego satânico — a Verdade é do Eu crístico...

Verdade também é poder, mas não esse poder-violência — e sim um poder-benevolência... O Anticristo, porém, só conhece e só oferece um poder-violência...

E desde então os profetas e místicos da verdade são substituídos pelos sacerdotes e escolásticos do Poder...

Em consequência disto, as duas mais poderosas nações cristãs, os Estados Unidos e a Rússia, estão em vésperas duma guerra de extermínio.[1] Cada um deles quer "todos os reinos do mundo e sua glória" — e nosso mundo é um só... O mundo do Cristo não interessa a nenhum desses gigantes luciféricos...

Gog e Magog em violento conflito...

A voz do Sermão da Montanha, alma da mensagem do Cristo, emudeceu sob o estardalhaço de congressos políticos e discussões teológicas... O corpo-visível das organizações humanas sufocou a alma invisível da inspiração divina...

Entretanto, numerosos discípulos do Cristo continuam a viver, à margem das instituições oficiais, o espírito do divino Mestre; o seu reino não é deste mundo, mas eles são o fermento vivo que pode levedar as três medidas de farinha deste mundo do Anticristo...

Ainda somos cristãos?

Alguém escreveu um livro com este título — como se já tivéssemos sido cristãos...

---

[1] A primeira edição deste livro foi publicada durante a Guerra Fria, entre os Estados Unidos e a Rússia. (N. do E.)

A pergunta exata seria: Já somos cristãos? Ou melhor: Já somos crísticos?

Quase um bilhão de seres humanos se dizem cristãos — mas que quer dizer ser cristão? Os maiores anticristos se diziam cristãos, e entre os não cristãos há muitos homens crísticos. Nesses últimos tempos, o melhor dos cristãos foi um pagão — Mahatma Gandhi.

Ser cristão de verdade não quer dizer ser batizado e professar certo credo. Ser cristão, ou crístico, quer dizer guiar-se em tudo pelo espírito do Cristo.

Transcendente — para dentro

Deus é transcendente?

Sim — e é também imanente, em mim e em todas as creaturas.

A sua transcendência é *trans*, para além do nível onde eu estou. Trans para fora ou *trans* para dentro; para além ou para aquém — isto é puramente convencional e relativo. Em qualquer hipótese, Deus é *trans*, para além do pequeno finito consciente que eu sou, no plano do meu ego. Ele é o "Inconsciente-Oniconsciente".

Sendo que rumo ao centro está a *qualidade*, e rumo às periferias está a *quantidade*, Deus é mais *trans* qualitativamente do que eu mesmo, mais intensamente central-qualitativo do que qualquer finito; pois ele é o Infinito em todos definitos. Se Deus é o *Ens Realissimum*, o Uno-Todo, o Ser, o Absoluto, então ele transcende, ultrapassa tudo que é apenas realizado, existente, relativo.

Deus transcende toda a *Parcialidade fenomenal*, porque ele é a *Totalidade Numenal*. O Todo está além das partes, mesmo além da soma total das partes.

Mas nem por isto deixa o Infinito de estar finitamente em todos os finitos — assim como todos os finitos estão finitamente no Infinito.

Razão e Vontade

A Razão, o *Logos*, é a Luz, a Vida, o Espírito Universal.

A Vontade é a direção individual em que a Razão Universal flui.

A Razão é como que um lago imenso, um mar, um oceano de energia estática.

A Vontade é algo como uma torrente dinâmica que sai desse imenso reservatório de energia estática; é uma voltagem que dinamiza a massa da amperagem, canalizando-a em determinada direção.

Quando a Vontade canaliza parte da energia racional para fins pessoais, egoísticos, torna-se ela adversativa, satânica, contrária à Razão Universal; mas quando a Vontade canaliza as águas da Razão numa direção universal, então se torna ela crística, harmonizada com o Logos.

Amor é uma vontade para fins universais, construtivos — rumo ao Cristo.

Egoísmo é uma vontade para fins pessoais, destrutivos — rumo a Satã.

Neoplatonismo

O característico do verdadeiro Neoplatonismo, tenha ou não tenha este nome, está no descobrimento do mesmo conteúdo essencial em todas as coisas — também em todos os credos e em todas as filosofias.

Diferenças externas se resolvem quando reduzimos essas divergências a *símbolos* manifestativos, por detrás dos quais jaz o *simbolizado* real.

Descobrir a substância, o real, o uno, em todos os acidentes, em todos os realizados, em todos os múltiplos — isto é neoplatônico, porque é a verdade, é iluminação, inspiração, autoconhecimento e autorrealização.

O Real está em todos os realizados, mas não é idêntico a nenhum deles — compreender isto é ser sábio, é ser santo.

Não pode haver uma fórmula única e definitiva, um credo estereotipado para todos os graus evolutivos. Todo indivíduo, por ser indivíduo, é diferente do outro, embora todos venham do Universal. Não pode haver duas Existências finitas que percebam do mesmo modo a Essência infinita; cada indivíduo a individualiza diferentemente. É esta a grande harmonia do Universo, ser *Uno* em *Diversos*.

Decretar um credo padronizado para todos e para sempre, é um *sacrilégio cósmico* — uma lesão do sacro — um pecado contra o espírito santo, porque é um atentado contra a Hierarquia Cósmica do Universo, que não tolera *monotonia* (unidade sem diversidade) nem *caos* (diversidade sem unidade), mas exige imperiosamente unidade na diversidade, isto é, *harmonia*. O Uno é sempre Uno, e os Diversos são sempre Diversos. Querer unificar os Diversos é tão anticósmico como querer diversificar o Uno.

As Existências múltiplas devem continuar a ser múltiplas, apesar da sua unidade.

O Universo é uma harmonia essencial-existencial, unitária--diversitária; isto é, *universitária*.

O clero vive do pecado

Se não houvesse pecado, sobretudo pecado original, o clero perderia a sua razão de ser e o seu emprego, porquanto, como ele entende, a sua função primária está em libertar o homem do pecado e aplicar-lhe a redenção. Se não há pecado, não há necessidade de redenção; e se não há necessidade de redenção, não há necessidade de clero — logo, é necessário que haja pecado para que o clero possa existir.

O Evangelho do Cristo ignora radicalmente a existência de pecado original (e por isto o batismo de crianças), embora reconheça a realidade de pecado pessoal. A ideia do pecado original foi contrabandeada para dentro do Cristianismo por uns representantes da sinagoga de Israel que adotaram o Cristianismo.

Mesmo depois da morte do indivíduo deve continuar o pecado — pelo menos o pecado venial, cujos autores estão no purgatório — e essa humanidade pecaminosa do purgatório é incomparavelmente mais numerosa do que a deste planeta. E o clero afirma que também esta humanidade do além é objeto de sua solicitude, porque recebe o impacto benéfico da atividade clerical, sobretudo através da missa e dos sacramentos, que são monopólio do clero.

Os merecimentos da redenção, diz a teologia, vêm do Cristo, mas a sua aplicação depende do clero; não havendo padre para aplicar aos leigos esses merecimentos do Cristo, praticamente esses merecimentos não existem para eles, e não há redenção.

Tamanho é o poder do clero — segundo a teologia dele...

É esta, certamente, uma das razões principais por que a mensagem do Cristo é ineficiente há quase dois milênios, porque depende de intermediários humanos — tão humanos...

Se o Cristo voltasse ao mundo em nossos dias, disse alguém, a primeira declaração pública que faria à humanidade seria esta: Cristãos de todos os países e de todas as igrejas, sabei que eu não sou cristão — eu sou o Cristo!

A maior tragédia que pode acontecer a um mestre espiritual é ter, após morte, discípulos aqui na terra incapazes de compreender o espírito dele; esses discípulos, possivelmente, ensinarão precisamente o contrário do que o mestre disse, e isto como sendo a pura doutrina do grande iniciado...

E donde vêm todas essas monstruosidades?

Vêm do falso conceito de Deus e do homem...

Ignoramos o que é Deus e o que somos nós mesmos... Continua o mistério do "Deus Desconhecido"...

Continua o enigma do "Homem, esse Desconhecido"...

O nosso cristianismo judaico

O espírito de Israel continua a dominar o mundo ocidental em três setores básicos da existências humana:

1 — pelo dinheiro;
2 — pela ciência;
3 — pela religião.

Pode causar estranheza o terceiro desses itens; no entanto, a verdade é esta.

Não é só no mundo das finanças e da ciência que a ideologia judaica continua em pleno vigor — domina também no plano religioso.

O Islã é, em grande parte, judaico.

O Cristianismo eclesiástico domina o hemisfério ocidental, a Europa e a América. O Islã impera no Oriente Médio e no norte da África; em parte também a Ásia oriental.

O judaísmo, antes da última guerra mundial, contava cerca de 15 milhões; hoje talvez uns 10 milhões. No tempo em que se formou a mentalidade judaica, no Egito e na Palestina, não contavam os hebreus mais de 1 milhão de pessoas.

Ora, esse pugilo de homens determinou a mentalidade de quase metade da humanidade que, em matéria de religião, é fundamentalmente *dualista*, como são o judaísmo, o Islã e o Cristianismo teológico. Também o espiritismo, último rebento do Cristianismo, é radicalmente dualista.

A característica básica do dualismo, em todas as suas formas, está em que ele considera Deus como uma entidade separada do mundo, fazendo-o habitar em alguma região distante e ignota do Universo.

Todas essas religiões são *monoteístas*, nenhuma delas é *monista*. O monoteísmo admite um só Deus — em contraste com o paganismo politeísta — mas não conhece um Deus essencialmente *uno* (monos) como o cosmos, como admite o verdadeiro monismo universal.

Os ignorantes identificam *monismo* com *panteísmo*, como se pode verificar em qualquer compêndio popular de filosofia colegial ou catecismo eclesiástico. O panteísmo identifica o Infinito com a soma total dos finitos destruindo, assim, não somente a metafísica, mas também a ética humana. O panteísta confunde *essência* com *existência*. Segundo o monismo universal, pode uma creatura finita ser *essencialmente* o Infinito — mas nunca o pode ser *existencialmente*.

O monismo universal permite a mais perfeita ética humana, porque não destrói no homem a responsabilidade moral, o seu livre-arbítrio, a sua existencialidade autônoma.

A história comprova fartamente esta verdade, porquanto os homens de mais elevado padrão ético — como Jesus e Gandhi — são essencialmente monistas.

A mensagem do Cristo não é dualista nem monoteísta, nem panteísta, mas estritamente *monista*. "Eu estou no Pai e o Pai está em mim... O Pai está em vós e vós estais no Pai... Vós sois deuses... Vós sois a luz do mundo... o Reino de Deus está dentro de vós" — palavras como estas supõem que o Infinito (Pai) esteja nos finitos e que os finitos estejam no Infinito. Se o Pai fosse uma pessoa, um indivíduo, não podia estar ·em Jesus e em outros indivíduos, nem estes podiam estar no Pai. Mas, se por Pai se entende a Realidade Universal, o Infinito, o Absoluto, não há nenhuma dificuldade em compreender a linguagem do Nazareno.

No quarto século, o Cristianismo teológico recaiu no dualismo monoteísta da sinagoga judaica, do qual não se emancipou até hoje. Também os setores da igreja protestante e ortodoxa continuam a marcar passo, como o catolicismo romano, no plano do dualismo judaico. Nos três primeiros séculos prevalecia no Cristianismo o monismo neoplatônico. Clemente de Alexandria, Juntino Mártir, Orígenes, Tertuliano e outros filósofos cristãos eram decididos monistas, chegando a afirmar que Heráclito de Éfeso e Sócrates de Atenas tinham sido precursores do Cristo, e que a alma humana é cristã por sua própria natureza, por nascimento e concepção, e não em virtude de algum ritualismo sacramental, como se ensina hoje em dia.

A razão dessa recaída da teologia eclesiástica ao dualismo da sinagoga judaica não é de caráter metafísico, intrínseco, mas obedeceu a fatores e conveniências meramente externas e políticas. Em face das numerosas ideologias cristãs que se digladiavam nos primeiros séculos do Cristianismo, afirmando cada qual ser a única verdade cristã, fazia-se mister uma poderosa hierarquia eclesiástica capaz de se impor aos dissidentes e restabelecer a unidade no meio da desunião reinante. Infelizmente, a verdade intrínseca do Evangelho não foi capaz de crear a desejada unidade, a não ser em pequenos grupos mais espirituais; para o grosso dos cristãos — mais cristãos que crísticos — fazia-se necessária uma imposição externa, um decreto autoritário.

Esse Poder externo, como já dissemos, surgiu no tempo de Constantino Magno, que deu mão forte à hierarquia eclesiástica, com a condição de esta apoiar a política imperial.

O monismo não oferecia base para essa unificação à força — somente um dualismo monoteísta se prestava a isto, porque só ele afirmava devidamente os dois elementos indispensáveis para a ditadura hierárquica: *autoridade* de cima e *obediência* de baixo. Enquanto a Verdade em si não tem poder, tem de prevalecer o Poder externo, a ditadura sobre as consciências.

No século XIII, Tomás de Aquino codificou devidamente o dualismo eclesiástico e, no século XVI, o Concílio de Trento selou definitivamente, para o setor romano da igreja, essa teologia dualista que dá o máximo de poder ao clero, reduzindo a um mínimo o prestígio da verdade do Evangelho do Cristo.

Might is right (poder é direito) — estas palavras de Tomas Hobbes, preludiando a doutrina totalitária *Wrong or right, my country* (errado ou certo, meu país) — marcam o roteiro do nosso cristianismo, há quase dois milênios. O cristianismo dos cristãos suplantou o Cristianismo do Cristo; o Poder depôs do trono a Verdade. O Poder escravizante suprimiu a Verdade libertadora.

Diógenes, como precursor antitotalitário

Muito se tem dito e escrito sobre as excentricidades desse famoso Cínico ateniense. Poucos, todavia, compreendem o fundo sério que se oculta por detrás desses extremismos. Ignoram que a quintessência da filosofia dos Cínicos consiste em dois pontos de valor eterno: 1) a afirmação da dignidade do *indivíduo humano*, 2) a focalização dessa dignidade no *livre-arbítrio*.

Todos os totalitarismos, desde Hegel até hoje, sejam da direita, sejam da esquerda, pecam precisamente pelo fato de sobreporem alguma organização impessoal ao valor intangível da personalidade, ou melhor, individualidade humana. Uns escravizam o homem pelo fator *estatal* — facistas, nazistas, etc.; outros, o subordinam ao *partido* — comunistas, etc.; outros ainda reduzem o indivíduo humano a escravo do capitalismo industrial — pragmatismo, etc.

E todas essas aberrações totalitárias nascem do erro comum de identificar o *ego periférico* com o Eu *central* do homem. Não negamos que o *ego personal* deva servir ao *nós social*, como exige o altruísmo; negamos, porém, que o Eu *individual* do homem, que é o próprio UNIVERSAL nele, deva ser subordinado a qualquer organização social, produto do ego.

Quando Diógenes, durante uma viagem marítima, acabou nas mãos de piratas e foi posto à venda no mercado de escravos de Creta, perguntaram-lhe qual a sua profissão. Respondeu o filósofo: "Sou governador de homens", e pediu que o vendessem a alguém que necessitasse de um mestre, e não de um servo. Um rico proprietário de Corinto, por nome Xeníades, o adquiriu para preceptor de seu filho. Desde então foi Diógenes "governador de homens", no meio da mocidade corintiana, fazendo ver que o valor do indivíduo humano está acima de todos os pseudovalores das organizações creadas pelo ego.

Certo dia alguém contou ao filósofo que havia, na Samotrácia, um templo cheio de ex-votos deixados pelos marinheiros que, por terem orado ao deus Netuno, tinham escapado de naufrágios.

"Deve ser impressionante essa coleção de ex-votos — respondeu Diógenes — e mais impressionante ainda seria se lá estivessem também as ofertas dos marujos que, depois de terem orado aos deuses, pereceram em naufrágio."

Aos homens bons recomendava o Cínico que orassem às entidades protetoras — e aos demais que não orassem, para que os deuses não se lembrassem deles nem os castigassem por suas maldades.

Diógenes — e o conhecimento humano

Dizer que uma cenoura é um vegetal e que uma cabra é um animal, dizia Diógenes, é cometer círculo vicioso, dizendo o mesmo de outro modo. A inteligência analítica não sai do plano horizontal; somente a razão intuitiva é que sobe ao vertical e só aqui, na zona creadora da razão, é que há verdadeiro conhecimento.

Traduzindo em termos modernos, diríamos que, na horizontal da *causalidade*, impera a lei que Lavoisier formulou para o mundo físico, onde nada se crea, nada se aniquila, tudo se transforma. E nesta zona, segundo Diógenes, não há verdadeiro conhecimento, porque só há *homogeneidade*, e não *heterogeneidade*, coma diria Bergson. O verdadeiro conhecimento exige heterogeneidade, de horizontal a vertical, força creadora, e não apenas processo criador ou transformador.

A força creadora, porém, está na zona da *incausalidade*, geralmente chamada livre-arbítrio, que é da razão intuitiva, e não da inteligência analítica.

A inteligência, diz Einstein, descobre os fatos objetivos da natureza já existentes — mas a razão crea os valores subjetivos dentro do homem, ainda não existente, e depois existentes. Einstein, como se vê, adere ao mesmo pensamento de que somente a razão é que é creadora, ao passo que a inteligência é apenas descobridora e transformadora. Nesta há homogeneidade; naquela, heterogeneidade. A inteligência repete o finito que já existe e, no melhor dos casos cria, transforma um finito em outro finito, equivalente — ao passo que a razão crea novidade convertendo parte do Infinito num finito.

Por isto, como diz o pai da Era Atômica, a inteligência nos faz eruditos — mas a razão nos faz bons — e quem é bom é feliz.

A lei e os profetas

Através de toda a história da humanidade correm duas linhas paralelas — a *lei* e os *profetas*, no dizer do Nazareno. A lei é representada pelos sacerdotes, e os profetas pelos videntes de Israel, no Antigo Testamento; na filosofia, pelos intelectualistas ou aristotélicos, por um lado, e pelos racionalistas ou platônicos, por outro.

Lúcifer e Logos...

Satã e Cristo...

Poder e Verdade...

Uns querem ser servidos — outros querem servir...

Uns querem ser adorados — outros querem adorar...

São os dois mundos paralelos, o do ego e o do Eu...

Uns vociferam arrogantemente, com Pilatos:

"Não sabes que eu tenho o poder de crucificar-te e o poder de soltar-te?"

Outros lembram humildemente: "Não terias poder algum, se não te fosse dado do alto..."

A fonte do poder, que vem do alto, é a Verdade.

Mas os Pilatos encolhem os ombros, com cético desdém, dizendo: "Que coisa é a Verdade?"...

No mundo atual, que se debate entre o totalitarismo da direita e o totalitarismo da esquerda, o poder triunfa, e a verdade agoniza. Todos os egos e suas organizações só se interessam pelo poder.[2]

Vocifera a lei — calam-se os profetas...

Imperam as teologias — emudeceu o Evangelho...

"Eu te darei todos os reinos do mundo e sua glória" — brada Lúcifer.

"O meu reino não é deste mundo" — responde o Cristo.

E a tentação continua, através de séculos e milênios, em pleno deserto...

Muitos se alistam sob a bandeira do poder — poucos seguem o estandarte da verdade...

Por ora, o ego luciférico governa o mundo...

Quando surgirá o Eu crístico, proclamando o reino de Deus sobre a face da terra?...

Salvar o Todo é salvar a parte

Quando o homem quer salvar o seu pequeno ego à custa do seu grande Eu, age ilogicamente, antimatematicamente, porque é impossível salvar uma parte, perdendo o Todo. Mas quando salva o seu Eu, necessariamente salva também o seu ego, que é aquele em forma diminuta, embrionária, potencial.

---

[2] A primeira edição deste livro foi publicada durante a Guerra Fria, entre os Estados Unidos e a Rússia. (N. do E.)

Quem salva a planta salva também a semente, que é a própria planta em forma mais perfeita e evolvida.

Todo "pecado" é, fundamentalmente, um erro de lógica e de matemática. Pecado é ignorância, dizia Sócrates. E Jesus o confirma, dizendo: "Pai, perdoa-lhes, porque não sabem o que fazem." Pecam porque não sabem; se soubessem, não pecariam.

O pecado consiste essencialmente na tentativa absurda do homem ignorante de querer salvar o *menor*, sacrificando o *maior*; de querer salvar o pequeno 10 do seu ego, sacrificando o grande 100 do seu Eu.

Quem salva o 100, salva o 10 — mas quem quer salvar o 10 sacrificando o 100, perde tanto o 100 como o 10.

Neste sentido dizia o Nazareno: "Se alguém quiser salvar a sua vida (ego) perdê-la-á — mas quem perder a sua vida (ego) por causa de mim (Eu), este a salvará".

A Verdade, quando ampla e universal, sempre tem esse aspecto paradoxal.

Somente as verdades pequenas e unilaterais podem gabar-se de não serem paradoxais. De toda verdade unilateral pode-se também afirmar o contrário; porque as nossas verdades são sempre parciais.

É necessário morrer — para viver...

É necessário despossuir-se de tudo — para possuir tudo...

É necessário perder — para ganhar...

É necessário ser tolo — para ser sábio...

É necessário ser fraco — para ser forte...

É necessário esvaziar-se — para ter plenitude...

A visão parcial é ciência analítica — a visão total é sapiência intuitiva...

O penúltimo estágio da autorrealização é virtude — o último é sabedoria...

Quem é plenamente liberto de todas as servidões pode oferecer-se como servo de todos... Quem não é liberto fala muito em liberdade e detesta qualquer servidão como antítese da liberdade...

Somente o homem plenamente livre pode ser voluntariamente servo...

No zênite da liberdade reduz-se o homem ao nadir da servidão...

Tão gloriosamente livre é ele que pode ser voluntariamente escravo...

Tamanhos são os paradoxos da Verdade Libertadora...

O mistério da compreensão

Compreender — que é isto?

Não é apenas inteligir, entender, pensar, analisar.

É "compreender" — prender totalmente.

Compreender é uma tremenda experiência — mortal e vital ao mesmo tempo.

É um misterioso morrer e nascer.

É um sofrimento redentor — porque morrer e nascer são sofrimento.

Sofrimento rumo a uma vida maior...

Ninguém compreende algo de grande sem passar por um grande sofrimento — por um morrer e por um nascer.

Quem não é crucificado, morto e sepultado não pode ressuscitar para uma páscoa de compreensão.

Quantas vezes nos defrontamos com esse tenebroso enigma: queremos fazer alguém compreender uma grande verdade, e não o conseguimos; essa verdade o poderia preservar de uma tragédia existencial — mas ele não nos compreende...

Por que não?

Porque ainda não sofreu devidamente as dores do parto — e por isto não pode dar à luz a prole da Verdade redentora. Falta-lhe ainda um fator preliminar — quiçá um grande terremoto, uma tempestade, um incêndio de Pentecostes. E ninguém lhe pode dar esse abalo redentor; terá de vir de dentro dele mesmo...

Para que o homem possa ver as estrelas do céu, tem de descer primeiro às profundezas do inferno, de um inferno de sofrimento, aceito e compreendido.

Só pelo terrível contraste das trevas é que o homem enxergará a luz.

Tudo quanto o egoísmo creou de terrífico sobre a face da terra — guerras, devastação, tragédia, miséria, angústias, morte —, por tudo isto tem de o homem passar antes que o filho pródigo amadureça para a grande eclosão do reino de Deus.

Na verdade, o homem só aceita aquilo que ele mesmo sofre e experimenta nas mais profundas profundezas do seu ser; ninguém se converte com bons conselhos de amigos; só o trágico dilema de ser ou não ser o fará mudar de rumo.

É a crise redentora...

O homem só compreende realmente aquilo que ele mesmo sofreu em angústias mortíferas e salutíferas...

Quando me encontro com um homem assim, redimido pelo sofrimento aceito e compreendido, sinto que estou diante de um novo mundo, de inaudita grandeza e formosura. E não tenho a menor vontade de falar, de analisar, de pensar — só tenho vontade de calar, admirar, gozar, adorar... Vontade de *ser* deliciosamente...

Um homem assim é um redentor. O seu silencioso *ser* é muito mais poderoso que todo ruidoso *dizer* ou *fazer* de outros. Ninguém se converte por causa de belas palavras, ou elevados pensamentos — só se converte aquele que entrou no campo imantado de um homem divinizado por uma compreensão da Verdade libertadora.

Ao Tabor — só através do Getsêmane e do Gólgota...

Ocultismo, clarividência, telepatia, etc.

Diversas pessoas leram nos astros do céu ou nas linhas das minhas mãos os eventos secretos da minha vida ignota. Leram isto nas penumbras do meu subconsciente, onde o passado e o futuro confluem no presente.

Mas, estranhamente, nunca ninguém descobriu os fatores decisivos da minha vida espiritual, superconsciente. As grandes molas reais da minha vida propriamente humana, as que realmente forjaram o meu destino verdadeiro — essas nunca foram atingidas por nenhum ocultista, astrólogo, quiromante, mentalista, etc.

Todos giram no plano horizontal da *causalidade*, consciente ou subconsciente, ninguém invadiu a zona da minha *incausalidade*, o livre-arbítrio, onde cessa a concatenação mecânica dos acontecimentos, onde se rompem os elos da grande cadeia causal, onde não mais vale o princípio científico "nada se crea, nada se aniquila, tudo apenas se transforma". Onde impera esta lei causal da simples transformação de um finito em outro finito, podem os ocultistas descobrir causas e efeitos — mas na zona do meu superconsciente, onde cessa a lei de causa e efeito, não há invasão de ocultista; lá sou eu o único senhor e árbitro dos acontecimentos, do meu destino.

O *alodeterminismo* do meu ego subconsciente e ego-consciente é acessível a certas incursões ocultistas — mas a *autodeterminação* do meu superconsciente é zona vedada, terra incógnita, porque aqui impera a força creadora do nada, que transfere um *algo finito* ao *Todo Infinito*.

O meu livre-arbítrio é o meu Eu em toda a sua plenitude e onipotência, onde não há invasão de contrabandistas ilegais das zonas inferiores.

Os meus amigos ocultistas não gostam disto, mas só eu sei que eles atingem apenas as camadas periféricas do meu ego causal, e não conseguem penetrar na zona sagrada do meu Eu incausal.

E é justo que assim seja. O reduto central do meu Eu e um templo envolto em mistério, no indevassável mistério da sacralidade divina; ninguém pode profanar esse sacrário. Só Deus e Eu — que somos um — sabemos da Realidade central da minha natureza.

Nenhum invasor pode penetrar, sem minha licença, nesse templo de Ísis...

Amor

Amor, isto é, compreensão universal, é a definitiva abolição de qualquer forma de egoísmo unilateral, mesmo em suas formas mais "altruístas" e "sagradas".

Há três formas básicas de egoísmo, a saber:

— *egoísmo pessoal*, que quer para si os bens que não quer para os outros e, não raro, tira aos outros algo para dar a si mesmo;

— *egoísmo nacional*, que considera a sua terra natal como superior a todas as outras. O chamado "patriotismo" é um vício tanto mais perigoso quanto mais camuflado de virtuosidade. O livro *Por que me ufano do meu país*, de Afonso Celso, pode ser considerado como o zênite desse egoísmo patrioteiro. Claro que há também um patriotismo sadio, mas a maior parte dos chamados patriotas só conhece patriotismo doentio;

— *egoísmo eclesiástico*, que proclama a sua igreja ou seita como a única religião verdadeira e despreza todas as outras formas de religião como falsas e obra de Satanás. É este o mais funesto de todos os egoísmos, porque é professado em nome de Deus, da verdade e da consciência. Quando um cego reconhece a sua cegueira há possibilidade de cura — mas quando chama vidência a própria cegueira, é incurável. E esta a razão por que o egoísmo eclesiástico é quase incurável, por ser egoísmo sob a bandeira da santidade.

Enquanto o homem não superar esses três egoísmos não está definitivamente remido, e a humanidade não entrará num período de verdadeira tranquilidade. Todo egoísmo é anticósmico, antiuniversico, antidivino.

Essa superação do tríplice egoísmo é fruto da compreensão da Verdade, da Verdade Libertadora. Enquanto o homem vive na ilusão sobre si mesmo, não há redenção.

Compreensão é Amor.

Cristianismo *versus* Cristo

O Cristo que as igrejas cristãs geralmente conhecem é um Cristo essencialmente anticrístico, porque profundamente egoísta; sofre do mal do egoísmo eclesiástico e, para favorecer esse vício, os egoístas fundaram "igrejas", nas quais são treinados os seus discípulos para o mesmo egoísmo eclesiástico.

Tomás de Aquino, em sua *Summa Theologiae*, tenta fazer crer que a igreja fundada pelo Cristo seja a mais perfeita das sociedades, possuindo os três poderes típicos de sociedades humanas: poder *legislativo*, poder *executivo* e poder *judiciário*.

Prova isto que um homem altamente inteligente como o *Doctor Angelicus* pode dizer coisas que são uma negação total em matéria de intuição espiritual.

Sociedade organizada é produto do ego, que não pode deixar de ser egoísta.

Poder é sinônimo de direito, e todo direito é egoísta.

Os três poderes da suposta "sociedade eclesiástica" equivalem a um tríplice egoísmo, que é atribuído pelos cristãos ao Cristo.

Não admira que um cristianismo tão anticrístico, como essa teologia, tenha perdido a sua força redentora, através dos séculos.

Jesus não fundou nenhuma sociedade; proclamou o reino de Deus sobre a face da terra — mas o "reino de Deus está dentro de nós", dentro de cada indivíduo humano; é um "tesouro oculto", que se deve transformar num tesouro manifesto.

Felizmente, como contam os biógrafos de Tomás de Aquino, esse exímio teólogo teve uma visão misteriosa — e depois disto nunca mais escreveu uma só palavra até o fim da vida, confessando: "Tudo que escrevi é palha".

Do doloroso dever para o jubiloso querer

Se o homem quer viver em paz com seus semelhantes, tem de ser eticamente bom, deve amar a seu semelhante como a si mesmo.

Mas a ética é dolorosa enquanto é simples arranjo moral, sem experiência mística; o moral é uma linha horizontal suspensa no vácuo; a ética é uma horizontal presa na vertical do Infinito.

Enquanto o compulsório tu *deves* (moral) não passar para o espontâneo *eu quero* (ética), não há nenhuma garantia de estabilidade e perpetuidade.

O que é difícil e sacrificial, é precário e incerto; certo e seguro é somente o que é fácil e agradável. Se o "caminho estreito e a porta apertada" não se transformarem em "jugo suave e peso leve", não há na terra garantia de paz duradoura; pode, quando muito, haver um armistício temporário, que é uma trégua entre duas guerras.

Mas como pode o homem fazer hoje por um *querer espontâneo* o que ontem fazia em virtude de um *dever compulsório*, e anteontem não fazia de forma alguma? Como pode o ferro velho *do dever mosaico* converter-se no ouro novo do *querer crístico*?

Que estranha alquimia é essa?...

É a estranha alquimia do *compreender*. Entre o ominoso *tu deves* e o glorioso *eu quero* medeia o mistério cósmico do *compreender*, do *autoconhecimento*, que produz a *autorrealização* — a mística que transborda em ética.

"Por Moisés foi dada a lei (tu deves) — pelo Cristo vieram a verdade e a graça (eu quero)."

Creando — e solucionando a problemática da vida

Com a intelelectualização do homem-ego começou a dolorosa problemática da vida. No seu estado pré-intelectual não havia problemas na vida humana, como não os há na vida vegetal e animal. O ego intelectual, a *persona* do homem, é visceralmente dispersivo, centrífugo, discordante. Da neutralidade do seu subconsciente emergiu o ego humano para a negatividade do seu consciente — em demanda da positividade do seu Eu superconsciente. O subego instintivo se tornou um ego intelectivo. O infra--homem do Éden adquiriu a consciência do homem da serpente, a sua ego-personalidade. O seu subconsciente objetivo transitivo se transformou num ego-consciente reflexivo, abrangendo ao mesmo tempo o mundo objetivo e o ego subjetivo. O homem egoficado se vê como algo separado do Todo Cósmico, e engendra a sua atitude de hostilidade — o seu "pecado original". Algum dia, esse homem de consciência reflexiva creará uma consciência *esférica*, univérsica, uma consciência cósmica e dirá, com verdade e sinceridade: "Eu e o Todo somos um... O Todo está em mim, e eu estou no Todo; embora o Todo seja maior do que eu..."

O recém-nascido ego se contempla a si mesmo, reflexivamente; espelha-se na sua fascinante personalidade como Narciso no espelho da fonte, e se enamora de si mesmo, egocentricamente. Contempla a sua egoidade como não idêntica ao Universo Total. E dessa ego-objetivação lhe nasce o estranho orgulho de ser algo ou alguém do Cosmos, de possuir personalidade própria, autônoma.

O homem-ego tem razão em se considerar como algo ou como alguém distinto do grande Todo Cósmico; mas ele confunde o seu *ser-distinto* com o *ser-separado*. Em virtude dessa confusão declara ele "Eu sou algo separado do Universo."

E desse ilusório *ser-separado* nasce o hostil *ser-contrário* ao Todo — e o homem-ego começa a sentir-se adverso, inimigo do Todo Cósmico, da Divindade.

É este o itinerário do estado do *Lúcifer intelectual* para o estado do *Satã antiuniversal* — e assim surgiu o homem pecador. O Lúcifer do separatismo culminou no Satã da hostilidade.

Falta ainda o terceiro estágio evolutivo do homem: o Eu que se sinta distinto do Todo Cósmico, mas não se sinta separado dele nem hostil a esse Todo.

Depois de desenvolver plenamente a sua consciência separatista "ego", passará o homem a elaborar a sua consciência integrante "Eu", dizendo "Eu e o Infinito somos um... O Infinito está em mim, e eu estou no Infinito."

E com isto nascerá o *Indivíduo* Eu, o Indiviso, o Não dividido, o homem ego-pecador remido pelo Eu-redentor; o homem escravizado pela ilusão de separatismo, e liberto pela verdade da integração.

O homem passando do *egoconsciente* para o *Logo-consciente*, do Satã do ego para o Eu do Cristo, completa o seu vasto itinerário evolutivo.

A história do Filho Pródigo se repete através de séculos e milênios. A vida na casa paterna, estágio do subego... A saída da casa paterna, o início do ego-luciférico, que culmina no plano do ego-satânico. Sobrevém à culpa livremente cometida a pena necessariamente subsequente... O cosmos reage ao caos... Mas esse sofrimento não é simples punição é, sim, uma "castigação",[3] uma purificação... Pelo sofrimento, aceito e compreendido, preludia o homem a sua redenção, rumo ao Eu crístico...

A *felix culpa*, o *vere necessarium peccatum* prepara os caminhos para o "glorioso redentor"...

A *monotonia estática* do Éden se desdobra no *caos dinâmico* de Lúcifer, a fim de culminar na *harmonia cósmica* do Logos...

A *infrasserpente* da *kundalini* dormente acorda na serpente da *kundalini* semivígil horizontal, e atinge a sua plena evolução na suprasserpente da *kundalini* plenivígil vertical, consoante as palavras do mestre: "Assim como Moisés ergueu às alturas a serpente no deserto, assim deve também o Filho de homem (Eu) ser erguido às alturas, para que todos os que tenham fidelidade com ele não pereçam, mas tenham a vida eterna"...

No estado do infraego é o homem *mortal*, como todos os infraegos da natureza mineral, vegetal, animal.

No estado do ego é o homem *imortalizável*, e sobrevive, em corpo astral, à destruição do seu corpo material; mas não é ainda imortal.

No estado do seu Eu nasce o homem pelo espírito e se torna *imortal*, creando o seu corpo-luz e vivendo indestrutível como a própria luz.

Completou o lótus o seu misterioso ciclo evolutivo: no limo material do lago iniciou a sua jornada; lançou-se através do elemento líquido da água, símbolo da mente, floresce e frutifica na zona luminosa acima da água, no mundo do espírito, onde se realiza a imortalidade do lótus humano.

---

[3] Castigar significa purificar. *Castum-agere* (tornar casto, puro), contraído em "castigare", significa fazer sofrer para purificar. Punir é fazer sofrer sem intenção de purificação, resultando num procedimento inético.

O reino dos céus aqui e agora

O que hoje em dia é chamado "cristianismo" bem pouco tem que ver com a mensagem do Cristo. O cristianismo organizado é dos homens; o Cristianismo individual é do Cristo. Há indivíduos crísticos, mas não há sociedade crística, só há sociedades cristãs, que podem ser anticrísticas.

Todos os grandes iluminados da humanidade afirmam que o homem pode crear, aqui e agora, o reino de Deus. Mas os discípulos e epígonos dos grandes mestres foram incapazes de perpetuar os altos voos da intuição creadora deles, e desceram às baixadas das teologias humanas. Trocaram a Verdade pelo Poder — a Verdade do Eu pelo Poder do ego. Alguns desapareceram definitivamente da possibilidade de realizarem, aqui na terra, uma nova ordem de coisas, contentando-se com uma pseudofelicidade baseada em prazeres e bens materiais. Outros relegaram o reino dos céus para além da morte e a regiões distantes que, supostamente, se alargam em outras partes do Universo; na vida presente, dizem eles, nada se pode modificar; ela tem de continuar assim como é, composta de exploradores e explorados.

Esses *conformistas* e esses *escapistas* se mancomunaram, há séculos, no desespero do reino de Deus sobre a face da terra, que eles consideram como uma utopia, sonho quimérico de uns pobres idealistas otimistas.

Entretanto, todos os grandes mestres da vida, sobretudo o Cristo, afirmam que o reino dos céus pode e deve ser proclamado, pelo menos inicialmente, aqui e agora.

Ainda há pouco, um escritor inglês, Frederic Sanders, no seu livro *In the Power of The Infinite*, repetiu essa mensagem dos grandes iluminados, escrevendo, entre outras coisas, o seguinte:

"O reino do Cristo não jaz em alguma esfera longínqua; o reino de Deus não é condicionado por tempo e espaço. Muitos pensam que a vida terrestre, com seus sofrimentos e suas angústias, seja um estágio preliminar para a vida eterna e que o homem deva suportar as misérias desta vida até que soe a hora da libertação.

"Entretanto, o reino dos céus ficará distante enquanto nós o considerarmos distante. E, contudo, é agora mesmo que vivemos no reino de Deus, e não há nenhum outro mundo. Somente o nosso consciente obscurecido é que nos torna cegos para as glórias do mundo espiritual, no qual vivemos. O homem que tem a permanente consciência da presença de Deus vive agora mesmo na harmonia do seu reino, numa atitude inatingível pelas vicissitudes dos fenômenos externos.

"Não podemos descrever a um surdo as belezas da música nem podemos dar a um cego ideias das cores — e da mesma forma não podemos fazer compreender as glórias do reino do Cristo a um incrédulo que não as tenha experimentado pessoalmente. Da cadeia e do alcance dos seus próprios pensamentos tece o homem, dia a dia, o seu céu e o seu inferno.

"Céu e inferno não são estados futuros que nos esperem depois da morte. A morte não modifica em nada o estado do homem; e os chamados mortos não estão mais perto de Deus do que os vivos. A morte não representa a transição para um estado perfeito. A disposição de espírito de um defunto continua a ser a mesma após-morte que foi durante a vida terrestre.

"A revelação do reino de Deus se dá diariamente nas almas capazes de recebê-la, e cada pensamento espiritual acelera o advento universal desse reino."

O fato da presença e o problema da consciência

É fato certo e inegável que o Infinito está presente a todos os Finitos, porquanto ele é onipresente. Mas o fato objetivo dessa onipresença do Infinito — que é Verdade, Vida, Amor, Felicidade — não resolve nenhum problema para os Finitos que vivem envoltos e permeados por esse Infinito. Dentro dessa atmosfera da infinita verdade, vida, saúde e felicidade, vivem milhares de doentes, infelizes, pecadores — por quê? Porque não têm a consciência subjetiva dessa presença objetiva. O que resolve o problema é a vivência própria, imediata, dessa presença.

O reino de Deus no universo, e aqui na terra, é uma realidade objetiva, mas enquanto o homem não estabelecer contato consciente com esse fato, o reino de Deus continua ausente para o homem, porque ele "não anda na presença de Deus", e é infeliz no meio da Felicidade, pecador no meio da Santidade, egoísta no meio do Amor.

A humanidade necessita duma nova religião?

A crescente gritaria dos nossos dias por uma "nova religião" não deve ser tomada muito a sério; ela nasce duma falta de autoconhecimento do homem moderno. Os mais avançados entre nós se arranjam muito bem sem nenhuma igreja; e os que ainda necessitam duma igreja encontrarão no seu próprio credo o melhor meio para seu progresso espiritual.

Os que mais gritam por uma "nova religião" são fundamentalmente irreligiosos. Estes, quando espiritualmente amadurecidos, verificarão que o que lhes falta não é um novo credo, mas, sim, uma verdadeira realização espiritual da sua existência, e que esta realização não requer, necessariamente, colorido teológico-eclesiástico.

Em nossos dias, fala-se demais em "religião"; quando alguém quer sobressair ambiciosamente no campo espiritual, rotula de religião essa sua ambição — e funda uma nova igreja ou seita, da qual ele, naturalmente, é o chefe.

A única religião autêntica é o sincero desejo e esforço de autorrealização, isto é, permeação espiritual de todas as atividades da sua vida diária.

Os melhores dentre nós não são mais convertíveis para uma nova forma de religião; quem toma a sério a sua autorrealização, ou dispensará formas e fórmulas externas, ou então procurará manifestar a sua experiência interna pelos meios tradicionais da sua igreja — mas nunca fará consistir nessas formas a sua religião. O homem realmente religioso pode manifestar por qualquer veículo externo a sua experiência interna. O principal é possuir realmente essa experiência, porque só isto é religião — *religio* (religação), *yôga*, união com o Infinito, transbordamento da experiência mística em vivência ética.

(*Paráfrase de palavras de Hermann Keyserling, no seu livro* Reisetagebuch Bines Philosophen.)

Einstein, sobre fatos e valores

"Uma coisa é certa: daquilo *que é* (*das was ist*) não conduz nenhum caminho para aquilo que *deve ser* (*das was sein soll*). Do fato de conhecermos nitidamente o mundo objetivo não podemos derivar nenhuma meta para a nossa atividade humana. O conhecimento objetivo dos fenômenos nos fornece poderosos instrumentos para a consecução de determislização têm de vir de outras regiões. É evidente que a nossa existência e atividade adquirem sentido somente pela creação de uma meta dessa natureza e dos seus valores correspondentes.

O conhecimento da natureza é, certamente, magnífico; mas ele é incapaz de nos servir como guia... A ciência tenta, por um processo mental, reconstruir os fatos a fim de os compreender; mas quando perguntamos em que consiste propriamente o característico do homem religioso, talvez possamos afirmar que está no fato de ele se libertar das algemas do seu egoísmo, construindo, através do seu pensar, sentir e agir, um mundo de valores suprapersonais. O que me parece característico e decisivo nessa atitude é o impacto desse conteúdo suprapersonal e a firme convicção da sua soberana importância. Não importa que esse conteúdo seja ou não relacionado com alguma entidade divina; do contrário, não poderíamos incluir Buda e Spinoza no rol dos homens religiosos.

O homem religioso é, pois, um homem espiritual no sentido de não pôr em dúvida a importância e sublimidade daquela Realidade suprapersonal e seu escopo — importância essa que não é suscetível nem carece de demonstração científica. Essa Realidade existe para o homem religioso com a mesma necessidade e evidência com que ele mesmo existe.

Neste sentido, consiste a religião no esforço antiquíssimo do gênero humano de adquirir clara e plena consciência desses valores, aprofundando e ampliando cada vez mais o seu impacto sobre a vida.

Em face disto, é de todo impossível qualquer conflito entre ciência natural e religião, porquanto ciência só pode verificar aquilo *que é* (*das was ist*), mas não *aquilo que deve ser* (*das was sein soll*); o critério sobre o valor fica fora do alcance da ciência. A religião, por seu turno, trata somente do valor do humano pensar e agir.

Ciência sem religião é manca (*lahm*) — religião em ciência é cega (*blind*).

(*Da coletânea de artigos e discursos de Albert Einstein intitulada* Aus meinem spaeten Jahren, *artigo escrito em 1939*.)

A ética da lei cristalizada na alma do amor

A lei de Moisés se resume, praticamente, na moral dos mandamentos "Tu deves — tu não deves!" Essa ética legal — que é antes moral que ética — necessária para haver uma relativa paz e harmonia la vida social da humanidade.

Mas não caiamos no erro funesto de supor que esse *necessário* da lei seja também *suficiente* para o amor. Enquanto a ética legal não ultrapassar a sua própria legalidade moral, não está resolvido o problema central do homem e da humanidade. Enquanto o *corpo da ética legal* não for vitalizado pela *alma da mística espiritual*, não há garantia sequer para a própria ética legal, que não passará de uma moral social, incerta e precária, e o que ela produz não é paz, senão apenas um armistício temporário, que é uma trégua entre duas guerras.

Por quê?

Por uma razão profundamente psicológica: toda a moral — isto é, uma ética nascida de um simples "tu deves" — é, por si mesma, difícil, sacrificial, porque é um *altruísmo artificial* em permanente conflito com o *egoísmo natural*, que é a quintessência de todo ser vivo. E o que é difícil e sacrificial não tem garantia de continuação e perpetuidade. Todo ser vivo é, biologicamente, egocêntrico. Esse egoísmo biológico é a lei fundamental da conservação do indivíduo, e da espécie através do indivíduo. O indivíduo existe e sobrevive graças ao seu egoísmo, ou melhor, amor-próprio. O amor-próprio do individuo vivo é sua lei fundamental, que não pode ser abolida sem destruir o próprio indivíduo. O próprio Deus, diz a teologia, ama a si mesmo com infinito amor.

O amor-próprio, *per se*, não é egoísmo. Egoísmo é um amor-próprio *exclusivista*. Quem exclui do seu amor-próprio o amor-alheio, o amor aos outros seres, é egoísta; mas quem inclui em seu amor-próprio os outros seres, esse não é egoísta; porquanto, segundo a natureza e segundo o próprio evangelho, a bitola e o ponto de referência para o amor-alheio é o amor-próprio; o homem deve amar os outros assim como ama a si próprio. Logo, o amor a si mesmo é o ponto de referência para o amor para com os outros.

O verdadeiro altruísmo é, pois, um amor-próprio *inclusivista*, ao passo que o egoísmo é um amor-próprio *exclusivista*.

Ora, repetimos, todo ser vivo tem amor-próprio, a fim de poder existir.

No mundo infra-humano não há perigo nesse amor-próprio biológico, porque está circunscrito pelo circulo férreo do *instinto*, que mantém o amor-próprio dentro de certos limites, dos quais o indivíduo não pode exorbitar.

Só com o despontar do *intelecto* começa a possibilidade de um amor-próprio exclusivista, isto é, o egoísmo propriamente dito.

A fim de se evitar essa exorbitância do amor-próprio em egoísmo, necessita o homem de uma força maior que a *inteligência personal* — necessita da *experiência universal*, que é o centro da sua verdadeira individualidade, do seu Eu, da sua alma.

Quando o homem-Eu entra nessa zona da experiência universal, continua ele a se amar a si mesmo, mas nunca à custa de algum outro ser; compreende ele então que, para se amar genuína e intensamente a si mesmo, pode amar todos os outros seres seus irmãos humanos, ou seus irmãos infra-humanos, porque a experiência universal o pôs em contato com a Fonte Única de todos os seres, e, sendo que essa Fonte Única e Infinita ama todos os canais finitos que dela dimanam, é perfeitamente natural e espontâneo que o homem universalizado pela experiência da paternidade única de Deus sinta a fraternidade universal de todos os filhos de Deus, humanos e infra-humanos, vivendo em paz e harmonia com todos os componentes da Família Cósmica, sob os auspícios da Paternidade Única do Infinito.

E assim a experiência mística transborda espontâneamente em vivência ética. Essa ética é mais que um arranjo moral, ela é o corolário inevitável e espontâneo da experiência mística do Infinito.

A partir dessa experiência mística, deixa o homem de *ser virtuoso* e se torna *sábio*; o imperativo categórico do *dever compulsório* culminou no optativo afetivo de um *querer espontâneo*. Passou da lei de Moisés para o Evangelho do Cristo. E neste querer espontâneo nada há de difícil — tudo é fácil; o "caminho estreito" e a "porta apertada" do curso primário dos principiantes de boa vontade se transformaram no "jugo suave" e no "peso leve" do curso universitário dos acadêmicos da compreensão.

O profano não fez o que deve.

O virtuoso fez o que deve. Quem fez o que deve, mas não quer o que fez, sofre a sua própria boa vontade e virtuosidade — mas quem fez o que deve e quer o que deve, esse goza a sua própria sabedoria.

Quem cumpre a lei, mas não ama, esse é um homem dolorosamente bom — mas quem cumpre a lei e ama, esse é um homem gozosamente bom, por ser um sábio.

Que foi que aconteceu entre o *dever compulsório* de ontem e o *querer espontâneo* de hoje? Que foi que fez de um homem virtuoso um homem sábio? Que foi que transformou a escravidão sacrificial da lei na liberdade jubilosa do amor?

Foi a *compreensão*, a compreensão de si mesmo — essa maior coisa que pode acontecer ao homem — compreensão de si mesmo...

"Por Moisés foi dada a lei — pelo Cristo veio a verdade, veio a graça"...

Se nunca tivesse havido no mundo homens que amassem a lei, que fizessem do *dever* um *querer* pela compreensão, não existiria sobre a face da terra esse fogo sagrado da Religião. O que lhe garante perpetuidade não é o *doloroso dever*, mas sim o *jubiloso querer*. Justo é que o principiante ande pelo "caminho estreito" e passe pela "porta apertada" do *tu deves*, soletrando o *á-bê-cê* na escola primária do "jugo suave" e do "peso leve", na Universidade do Cristo.

Se o comer e o beber não fossem algo prazeroso para o homem sadio, já teriam os indivíduos humanos morrido de inanição, desinteressando-se dessas funções básicas da vida.

Se as funções sexuais obedecessem apenas ao imperativo categórico do dever, é certo que a humanidade já estaria extinta, por falta de suficiente interesse pelas funções sexuais, de que depende a continuação da espécie humana. Mas uma vez que esses processos, individuais e sexuais, funcionam sob o signo do prazer, do querer espontâneo, a humanidade continua, graças a um *querer fácil*, e não a um *dever difícil*.

Na razão direta que as coisas relacionadas com a espiritualidade humana ultrapassam o âmbito do *dever compulsório* e entram na zona do *querer espontâneo*, é que haverá garantia e perpetuidade de Religião sobre a face da terra.

Mas, repetimos, essa transição do dever compulsório para o querer espontâneo nasce duma misteriosa alquimia, que se chama *compreensão*, ou seja, *autoconhecimento*. Enquanto o homem se incompreende ou descompreende, identificando-se com o seu ego físico-mental-emocional, não entrou na zona luminosa da verdade sobre si mesmo; e onde não há verdade, não há liberdade. Somente a verdade é que é libertadora.

A função da verdade não consiste apenas em libertar o homem da inverdade ou do erro, mas também em libertá-lo da dificuldade e do sacrificialismo da virtuosidade, isto é, duma boa vontade sem compreensão.

A compreensão da verdade é uma visão mística que o homem-ego não pode produzir, mas que o homem-Eu pode receber. E "quando o discípulo está pronto, o Mestre aparece".

Para que o homem possa ser espontaneamente bom deve ser profundamente sábio. Para fazer o bem com dificuldade basta ser virtuoso — para fazer o bem sem dificuldade é necessário ser sábio.

O autoconhecimento é a chave para a autorrealização.

O triunfo do reino de Deus sobre a face da terra depende essencialmente dessa experiência central do homem, que resolve todos os problemas periféricos da humanidade.

Matemática cósmica

Há uma matemática cósmica que funciona com absoluta precisão. O problema está em descobrir e aplicar essa matemática.

As palavras de Jesus, não consignadas pelo Evangelho, mas citada por Paulo de Tarso, "Há mais felicidade em dar do que em receber", resumem essa lei do Universo.

Quando o homem chega ao ponto de não mais querer receber nada do mundo e da humanidade, mas tão somente dar, dar, dar — então acontece esse fenômeno paradoxal, verdadeiro: quanto mais o homem dá, tanto mais ele tem — e quanto menos dá, menos tem.

No plano dos finitos, que o ego conhece, a matemática do dar implica *perder* — mas no plano do Infinito que o Eu saboreia, a matemática do dar implica *ganhar*. No último caso, o dar se processa na *horizontal* dos finitos — mas o receber vem da *vertical* do Infinito.

Se o homem dá algo ao mundo ou à humanidade com o secreto desejo de receber deles outro tanto, ou mais, age de um modo fundamentalmente errôneo, embora aprovado pela matemática-mirim dos egoístas; porquanto, dar aos outros para deles receber é puro egoísmo, é visceralmente esterilizante e destruidor; cedo ou tarde esse egoísta, manifesto ou clandestino, sofrerá o impacto negativo da sua falsa atitude. As leis cósmicas não admitem burla.

Para que o homem possa realmente dar, dar com 100% de pureza e sinceridade, deve ele dar incondicionalmente, renunciando a qualquer desejo, secreto e secretíssimo, de receber algo em retribuição, da parte do mundo ou dos homens — mesmo que esse algo seja apenas louvor, aplauso, reconhecimento, gratidão, ou a grata esperança de se espelhar nos resultados palpáveis das suas obras. Tudo isto é impureza, disfarce, camuflagem, insinceridade, secreta pecaminosidade anticósmica — e as leis cósmicas não cooperam com nenhuma atitude anticósmica.

E é precisamente aqui que está *o* pivô do problema: dar com 100% de pureza e desinteresse! Haverá entre mil doadores um só dessa natureza?

Essa atitude de absoluto desinteresse pessoal significa onipotência porque, quando os canais do ego estão realmente desobstruídos e puros, é matematicamente certo que as águas vivas da vida eterna fluem espontaneamente através deles, realizando no homem todas as coisas antes impossíveis.

Francisco de Assis, Dom Bosco, Mahatma Gandhi, e muitos outros — sem falar do próprio Cristo — são provas desta verdade.

Mas como pode alguém dar sempre e não se esgotar nunca?

É que esse *dar* na horizontal dos Finitos corresponde a um *receber* na vertical do Infinito e, como o Infinito não é a soma total dos Finitos, aquele nunca se esgota nem diminui com a irradiação destes. A matemática cósmica garante que o jubiloso doador horizontal seja sempre um inesgotável recebedor vertical; quanto mais liberalmente o homem dá, doa, distribui às creaturas, tanto mais abundantemente recebe ele do Creador e, como o receber é do Infinito para o Finito, ao passo que o dar é do Finito para os Finitos, é rigorosamente lógico que esse doador seja um milionário de recebimento; recebe em *qualidade* e distribui em *quantidade* e, como a soma total das quantidades não afeta a qualidade, é certo que esse doador de Finitos e recebedor do Infinito é invariavelmente um grande possuidor, um milionário qualitativo.

Pensar que esse receber do Infinito seja egoísmo, é absurdo. O doador não dá em quantidade com o fim de receber em qualidade; dá incondicionalmente; mas existe uma lei cósmica, inexorável, que enche com qualidade a quem se esvazia em quantidade, e essa lei funciona infalivelmente, quer o homem o saiba, quer não o saiba. Ninguém pode ser realmente bom sem ser enriquecido.

Por vezes, esse enriquecimento espiritual se manifesta no plano material; por vezes, o milionário de bens divinos se torna também milionário de bens humanos — mas isto apenas lhe *acontece* por concomitância ou transbordamento, como que à sua revelia. Esse enriquecimento material não é efeito necessário da riqueza espiritual, como pensam certas filosofias pragmáticas modernas; é apenas uma espécie de sombra casual que acompanha a luz.

Se alguém tentasse ser espiritualmente rico a fim de se tornar materialmente próspero, agiria contra o espírito da matemática cósmica, subordinando o *fim espiritual* aos *meios materiais*; isto não seria "procurar primeiro o reino de Deus e sua justiça" mas, sim, em segundo lugar; e, por isto, as "outras coisas" não lhe seriam dadas de acréscimo; estas "outras coisas" correm somente atrás daquele que não corre atrás delas.

Libertação de qualquer espécie de escravidão é o requisito necessário e indispensável para que a matemática cósmica do Universo funcione em toda a sua plenitude.

Entesando e desentesando o arco

É célebre, na filosofia oriental, a comparação do processo de iniciação espiritual com a atividade dupla do sagitário: entesar e desentesar o arco.

O arqueiro puxa a seta em direção a seu corpo, entesando ao máximo o arco flexível, simboliza o homem que pensa intensamente, pela força consciente do ego intelectual; quanto mais intensa for esta atividade mental do homem-ego, tanto mais longe pode, depois, voar a seta do homem-Eu.

Mas seria erro pensar que essa força do sagitário produzisse o poder volante da flecha; esse poder é produzido pela força inerente ao próprio arco retesado, está na flexibilidade e na lei física do centrifuguismo, que obriga a seta a voar na direção oposta à força muscular exercida pelo seteiro.

Temos, pois, duas forças em ação: uma, humana, muscular — outra, cósmica, universal. Para que a segunda força possa atuar devidamente, deve preceder à primeira, não como *causa*, mas como *condição*.

Não é a força muscular do homem — o entesamento — que lança o projétil rumo ao seu alvo — mas é a força cósmica do arco — o desentesamento — que leva a flecha a seu destino.

Esta comparação é duma extraordinária genialidade, quando devidamente compreendida e aplicada ao mundo superior. É necessário que o homem ponha em atividade dinâmica todas as suas forças conscientes; que desenvolva o seu ego personal até ao máximo; que desperte todas as suas potencialidades dormentes, físicas, mentais, emocionais. Esse desenvolvimento do ego é, inevitavelmente, egocêntrico, luciférico, podendo degenerar em feroz satanidade no caso em que o homem se recuse a soltar a flecha rumo ao alvo cósmico, ultrapersonal, divino. O egoísta não erra em retesar o arco do ego, em desenvolver o poder da sua personalidade-ego — erra, peca, quando conserva o seu arco retesado, com a flecha junto ao coração, negando-se a soltá-la rumo ao Infinito, rumo ao grande Todo. Esse homem tem o devido amor-próprio, mas falta-lhe o amor-alheio e, sobretudo, o amor-cósmico. Ama-se a si mesmo intensamente, mas não ama as outras creaturas, nem ama o Creador. Mantém a poderosa seta do amor bem junto ao coração, mantém o arco intensamente entesado, incapaz de o deixar desentesar-se — e por isto vive tenso, não liberto, infeliz.

Mas quando o homem enxerga nitidamente o alvo longínquo em sentido oposto ao movimento entesante, então, depois de forte entesamento egocêntrico, passa ao desentesamento libertador, cosmocêntrico, rumo às creaturas, rumo ao Creador.

O homem ocidental é propenso ao entesamento máximo do arco e, não raro, se contenta com esse egocentrismo.

O homem oriental, não raro, acha supérfluo entesar o seu arco, cultivar as coisas do ego, esperando que Brahman se encarregue de fazer voar o projétil.

O homem cósmico une os dois processos, egocêntrico e cosmocêntrico; entesa o arco da sua natureza humana, desenvolve todas as suas potencialidades — e depois põe esse seu Eu plenipotenciário a serviço do Todo.

Também, que adiantaria pôr a serviço do Todo um Eu incompleto, semidesenvolvido? O Todo necessita de um Eu plenamente maduro, totalmente "ele mesmo". Deve o homem confiar em si mesmo, no seu ego, como se tudo dependesse dele somente — e deve confiar no Todo, no Eu, como se tudo dependesse dele somente. O difícil é realizar essa grande síntese das duas antíteses...

Convém, pois, evitar dois erros:

1 — o erro de não desenvolver devidamente o egoconsciente,

2 — o erro de o desenvolver plenamente, mas não pôr ao serviço do Todo, do Eu divino.

No primeiro caso, o ego não cumpre a sua missão de ser uma parte existencial, idônea, do grande Todo essencial; e, no entanto, esse Todo da Essência se revela necessariamente através das partes da Existência.

No segundo caso, o homem não ultrapassaria as barreiras do ego, da *persona*-máscara, culminando num poderoso Eu cósmico; não atingiria as alturas do indivíduo, do indiviso, da completa individualidade, indivisa em si, e indivisa do Todo.

Esse separatismo do ego, não integrado indivisamente no Todo, é a ideia fundamental do "pecado", de *Satã*, *diábolos*, palavras que significam hostilidade.

Cumpre que todo homem entese ao máximo o arco do seu egoconsciente e depois o desentese e deixe a seta voar livremente ao seu grande destino cósmico. É este o velho problema da "fé" e da "graça". É este o sentido da sapiência oriental: "Quando discípulo está pronto, o Mestre aparece."

A pobreza do receber e a riqueza do dar

É fácil fazer o teste da *profanidade* ou da *sacralidade* do homem: basta medir a intensidade de desejo de *querer receber* ou de *querer dar*.

Quem deseja e necessita de qualquer objeto prova que é um *necessitado*, um pobre mendigo, que ainda necessita de escoras e muletas para amparar a sua vacilante e enferma personalidade. Espera ser recompensado, como um mercenário; espera ser pensado, como um incompleto; espera ser recompensado como um doente.

Quem é livre, rico e sadio, dispensa ser recompensado, compensado, pensado.

Quando o Eu divino do homem está em contato direto com o Infinito, o seu ego humano funciona como canal distribuidor dos bens que recebe da Fonte; distribui na horizontal o que recebeu na vertical; mas, quando não recebe da vertical do Infinito, sente a necessidade de receber da horizontal dos finitos.

O homem que muito recebe do Infinito, verticalmente, por ser muito receptivo, pouco nessecita no finito, horizontalmente. Por fim, esse homem vive quase sem nada; o problema da subsistência, que atormenta os profanos, quase que desaparece. Quanto mais o homem é *alguém* pelo contato com o Infinito, tanto menos deseja ter *algo*, no mundo dos finitos. Ele é um milionário teossuficiente.

Mahatma Gandhi deixou, ao morrer, um relógio barato, uma velha caneta-tinteiro, um par de óculos, dois pares de sandálias, uma tanga, e pouco mais; para a sua subsistência diária lhe bastavam sete centavos. No entanto, passavam pelas mãos desse pobre imensas riquezas, ano por ano, milhões e milhões — tudo passava nada parava...

O ego é tão inseguro na vida que se cerca de toda a espécie de "seguro de vida" — e continua inseguro em sua vida ...

O Eu é tão seguro em si mesmo que não necessita de nenhum seguro alheio; habita na fortaleza da sua divina individualidade, que lhe garante perfeita segurança, e por isto dispensa trincheiras e fortificações fictícias.

Era uma vez um homem

Duma pequena carpintaria da Galileia saiu um jovem carpinteiro — e assombrou o mundo... Nunca tratou de reformar a humanidade — porque era um homem plenamente formado, o "Filho do Homem"...

Nunca fundou nem defendeu uma religião — porque era um homem eminentemente religioso...

Nunca frequentou escola, nunca escreveu um livro — toda a sua sabedoria brotava das profundezas da sua alma...

Na solidão de Nazaré, onde esse homem passou dezoito anos, frequentou a Universidade Cósmica do Silêncio... Sentado no alto de um rochedo, no meio da selva que rodeava a pequena cidade serrana, com os olhos embebidos no horizonte, onde o sol submergia nas águas azuis do Mediterrâneo, abismava o carpinteiro Galileu a alma do Infinito, o "reino de seu Pai", enquanto o seu corpo permanecia, quase estátua inerte, sentado no duro penhasco da montanha...

Altas horas da noite, regressava ele do Infinito Cósmico para estes finitos telúricos e, como que às apalpadelas, procurava retomar o contato com os grandes nadas da terra que tanto interessam aos pequenos homens terrenos...

Mas a sua alma continuava a habitar no Infinito. E quando falava, o Infinito ecoava através de todos os seus finitos...

Mais tarde, quando as misérias humanas o obrigaram a peregrinar pelas terras da Judeia, da Samaria e da Galileia, depois do sol posto, subia ele a um monte, ou se internava num deserto, e ali passava noite toda abismado no Infinito... Quando, no dia seguinte, voltava ao meio dos homens, tentava dizer aos amigos dos finitos algo dos "ditos indizíveis" que ouvira no Infinito; mas como as coisas sacras não podem ser ditas aos profanos, balbuciava algo da sua experiência em forma de parábolas e alegorias — o reino dos céus é semelhante a um fermento... a uma rede de pescar... a um grão de mostarda... a um semeador... a uma festa nupcial... a um tesouro oculto... a uma parábola preciosa...

Deve ter sido um tormento para a sua grande alma não poder dizer o que sabia deliciosamente... ter de traduzir, penosamente, toscamente, ingenuamente, umas pobres gotinhas daquele mar imenso de verdade, beleza e beatitude que lhe enchia a alma...

Dizem os profanos e os eruditos, sobretudo os eruditos ignorantes, que o carpinteiro galileu foi o maior sofredor da humanidade, o rei das dores — e com isto revelam toda a sua douta ignorância e toda a sua profana arrogância... Como podia um homem tão rico ser um pobre sofredor?...

Se jamais passou pela terra um homem plenamente feliz, então foi certamente esse jovem operário de Nazaré... Os seus sofrimentos físicos, no espaço de quase 33 anos, não somam 15 horas — e todos esses sofrimentos foram voluntários, previstos, provocados por amor — nenhum deles lhe foi imposto compulsoriamente.

Mas... os seus sofrimentos morais?... a incompreensão dos seus discípulos e a ingratidão dos homens?...

Quando um homem abraça um grande ideal, por amor, aceita, de antemão, todos os espinhos que se ocultam entre as rosas; nada o surpreende, nada o decepciona, nada o leva à frustração... As sombras fazem parte do grande mosaico da sua missão, bem como as luzes...

Quem convida a humanidade a aderir a um grande sofredor, que sucumbiu vítima de seus inimigos, afasta os homens do seguimento do Cristo.

Mas quem convida a humanidade a se alistar sob a bandeira do homem mais poderoso e feliz do mundo, esse apela para o que há de melhor e de mais nobre no coração do homem...

"Se temos fé apenas no Jesus crucificado, e não no Cristo redivivo, vã é a nossa fé, vã é a nossa pregação, e somos os mais deploráveis de todos os homens" (Paulo de Tarso).

Era uma vez um homem... O filho do homem... o Filho de Deus...

E esse homem viveu uma vida divinamente humana — e humanamente divina...

O mistério milenar de Israel

O povo de Israel atravessa o mundo como um enigma insolúvel... No Antigo Testamento, não passava de um milhão de homens; antes da segunda guerra mundial contava cerca de 16 milhões de pessoas; hoje está reduzido a cerca de 10 milhões.

Nação pequenina, continua a dominar o mundo em três planos: 1) na religião, 2) na ciência, 3) nas finanças.

Poderá causar estranheza a primeira das nossas afirmações e, no entanto, é verdade. Israel impôs ao mundo ocidental o sinete da sua religião. O Cristianismo eclesiástico, com cerca de 1 bilhão de adeptos — romanos, ortodoxos, protestantes, espíritas — bem como o Islã em peso, com algumas centenas de milhões — todos eles estão imbuídos da ideologia religiosa de Israel, no tocante à ideia de Deus e do homem. Deus é para o monoteísta-dualista uma entidade separada do mundo, residente não se sabe em que região longínqua do Universo. O homem é um ser essencialmente mau, pecador, porque é o seu ego, esse Lúcifer da sua personalidade antidivina.

Estes dois conceitos caracterizam a mentalidade filosófico-teológica do Ocidente e do Oriente Médio.

Mas nenhuma dessas concepções se encontra na mensagem do Cristo, que é essencialmente monista, imanentista. "Eu e o Pai somos um... o Pai está em mim e eu estou no Pai" — palavras como estas são uma blasfêmia em face do monoteísmo dualista transcendental, mas são a quintessência do monismo imanentista, que é a mensagem do Cristo.

No seu livro *Der Mythus des zwanzigsten Jahrhunderts* (*O mito do século XX*) tenta Alfred Rosenberg provar que Jesus não era judeu, uma vez que a sua mentalidade é diametralmente oposta à mentalidade da sinagoga de Israel. É perfeitamente compreensível que os chefes religiosos de Israel não tenham reconhecido o Nazareno como o Messias profetizado, porque toda a sua filosofia monista é um flagrante desafio à teologia monoteísta dualista da sinagoga — como é um desafio a todas as nossas teologias cristãs. A mensagem do Cristo nada tem que ver com a nossa teologia cristã, a qual, desde o século IV, foi colocada sobre o padrão dualista da Torah de Israel.

A filosofia monista do Cristo é uma apoteose da VERDADE — as teologias monoteístas dualistas são a idolatria do PODER. A Verdade é do Eu crístico — o Poder é do ego luciférico. O maior triunfo do anticristo consiste em ter conseguido hastear a bandeira do Cristo sobre o quartel-general do anticristo. Quase todo o mundo ocidental cristão vive na convicção de que o nosso cristianismo eclesiástico seja a perpetuação da mensagem do Cristo. O nosso cristianismo teológico é a radical negação do Evangelho do Cristo — a tal ponto que dois dos homens crísticos do presente século — Schweitzer e Gandhi — se negaram redondamente a aceitar o nosso cristianismo em troca do Evangelho do Cristo. Schweitzer escreve que as nossas teologias costumam vacinar os homens com o soro do seu cristianismo, e que essa vacina teológica imuniza os homens contra o espírito do Cristo. Gandhi respondia a todos os missionários ocidentais que tentavam convertê-lo ao cristianismo: "Aceito o Cristo e seu Evangelho — não aceito o vosso cristianismo".

Os grandes místicos são os homens genuinamente crísticos, e por isto são um perigo para os cristãos eclesiásticos, para os defensores do Poder e os negadores da Verdade.

Por que é que a ideologia dualista de Israel continua a dominar a parte mais avançada do nosso planeta?

Qual a verdadeira missão de Israel na história da humanidade? Alguém sabe?...

As raízes profundas do caos atual

As últimas e mais profundas raízes do caos mundial da atualidade, sobretudo da humanidade "cristã" do Ocidente, embebem-se em ideologias antiquíssimas e erradíssimas, sobre *Deus*, *o homem* e o *Universo*.

A ciência dos últimos séculos retificou o geocentrismo pelo *heliocentrismo*.

A psicologia dos últimos decênios procura substituir o *egocentrismo* da concepção medieval do homem pelo *logocentrismo* do homem verdadeiro.

As teologias, porém, continuam a professar ideologia geocêntrica e egocêntrica; falam de Deus como se a nossa terra fosse o centro do Universo, e falam do homem como se o nosso ego fosse a natureza central, ignorando o Logos, o Eu divino no homem. Se o homem é o seu ego, então ele é essencialmente mau; mas se o homem é o seu Eu, então ele é bom.

Segundo a linha *profética-platônica-crística*, é o homem uma manifestação individual da Divindade Universal; e esta, que é o próprio Infinito, é imanente no homem, como em todas as coisas finitas. É a verdade de que o Infinito é onipresente e, portanto, nenhum finito está fora do Infinito; não há separação entre finito e Infinito, entre o individual e o Universal — como, por outro lado, também não há identificação entre a Infinita Essência e as Existências finitas, entre o Creador Universal e a creatura individual; há, todavia, diferença entre o Infinito Universal e os finitos individuais.

Se houvesse separação entre finito e Infinito, estaríamos em pleno *dualismo*; se houvesse identificação, estaríamos em pleno *panteísmo*.

Mas se há diferenciação, equidistante de separação e identificação, estamos no *monismo* universal, que é a verdade suprema, professada pelos profetas, pelos místicos, pelos platônicos, neoplatônicos e pelo próprio Cristo no Evangelho: "Eu e o Pai somos um; o Pai está em mim e eu estou no Pai — mas o Pai é maior do que eu."

O Infinito está finitamente em todos os Finitos — e o finito está finitamente no Infinito. Com outras palavras: o Infinito está parcialmente presente em qualquer finito — e qualquer finito está totalmente no Infinito.[4]

Tal é a experiência da mais rigorosa lógica e da mais exata matemática.

* * *

[4] Entretanto, para fazer jus à mais rigorosa lógica, devemos acrescentar que a presença parcial do Infinito no finito se refere à ordem lógica (do nosso conhecer), e não à ordem ontológica (do ser em si). Na realidade ontológica o Infinito que é pura qualidade e, portanto, indivisível, está totalmente em qualquer finito, embora o nosso conhecimento finito o enxergue como presente, parcialmente. A presença de qualquer finito quantitativo é sempre circunscritiva, ao passo que a presença do Infinito qualitativo é sempre definitiva, isto é, totalmente no Todo e totalmente em qualquer parte.

Esta mentalidade profética-platônica-crística orientava a concepção do Cristianismo primitivo, durante uns três séculos. Mas desde o início do século IV começou a prevalecer a ideologia *sacerdotal-aristotélíca-teológica* segundo a qual há separação, e não apenas distinção entre o homem e Deus. O universalismo platônico substituído pelo individualismo aristotélico — o que representa uma recaída para a mentalidade da sinagoga de Israel decadente. A decadência da teologia de Israel começou cerca de quatro séculos antes da era cristã, quando faleceu o último dos grandes profetas, Malaquias, e desde então a mentalidade legalista-sacerdotal tomou conta da sinagoga.

Com o aparecimento do Cristo, reiniciou-se a ideologia profética--mística. Paulo de Tarso é um misto de platonismo e aristotelismo; quando fala aos atenienses, do alto do Areópago, tem o desassombro de dizer que Deus é "aquele no qual vivemos, nos movemos e temos a nossa existência", o que é puro monismo profético-crístico. Agostinho, ainda no IV e V séculos, é totalmente platônico antes da sua conversão ao Cristianismo; depois, é um misto de monismo platônico e de dualismo aristotélico. O monismo platônico imanentista não favorece a ideia de uma hierarquia eclesiástica, que era o mais doloroso problema daquela época, em que dezenas de ideologias pululavam e cada uma se dizia ser o verdadeiro Cristianismo. O dualismo transcendentalista favorece o *poder*, que é do ego — ao passo que o monismo imantista favorece a *verdade*, que é do Eu.

Os grande arautos da VERDADE do Eu professam ideologia profética-platônica-crística.

Os advogados do PODER, que é do ego, ad a uma mentalidade sacerdotal-aristotélica-teológica.

* * *

Para todo dualista, é uma força alheia (Lúcifer) que nos faz pecadores — e uma força alheia (Cristo) que nos redime do pecado.

Para o monista, essas duas forças, Lúcifer-Cristo — o primeiro Adão pecador e o segundo Adão redentor — são elementos da própria natureza humana. Cada um de nós é *Lúcifer* e *Logos*, *Satã* e *Cristo*; o *Lúcifer-Satã* é o nosso ego, o *Logos-Cristo* é o nosso Eu.

O dualismo separatista, Adão-Cristo, Lúcifer-Logos, foi codificado, no século XIII, por Tomás de Aquino e, no século XVI, oficializado pelo Concílio de Trento.

Com o triunfo dessa ideologia aristotélico-tomista, estava definitivamente consolidada a hierarquia eclesiástica do Poder — mas a realidade crística da Verdade sofreu um golpe mortal. Estava solapada pela ideologia dualista a mensagem monista do Cristo, segundo a qual "o reino de Deus está dentro do homem", embora ainda como "tesouro oculto", que deve ser manifestado.

Na sinagoga de Israel, os sacerdotes eram os intermediários *legalistas* entre o homem e Deus — na igreja hierárquica os sacerdotes são os intermediários *ritualistas* (sacramentais) entre o homem e Deus, a ponte necessária entre o homem e Deus.

Com a vitória dessa ideologia sacerdotal-sacramental, adquiriu a hierarquia eclesiástica um prestígio imenso, sobre-humano — mas perdeu o Evangelho do Cristo a sua característica fundamental — a Verdade foi sacrificada pelo Poder, o Cristo foi crucificado pelos cristãos, assim como, em tempos idos, Jesus foi crucificado pela sinagoga de Israel.

A Reforma Protestante do século XVI parecia, no princípio, querer retornar ao Cristo, mas regressou apenas até Paulo de Tarso, não ao Paulo monista do Areópago de Atenas, mas ao Paulo dualista de Jerusalém. O Protestantismo não é crístico-evangélico, mas, sim, paulino-teológico, porque todo ele está baseado na epístola de Paulo aos Romanos.

O Espiritismo dos nossos dias, forte na ética, fraco na metafísica, continua a marcar passo no plano do dualismo teológico, justapondo Deus ao mundo, a exemplo do catolicismo e do protestantismo.

Entretanto, os grandes movimentos filosófico-místicos da atualidade — como sejam *New Thought*, *New Outlook*, *Neugeist*, *Self--Realization*, *Seicho-no-ie* e a *Alvorada* entre nós — estão reatando o fio do monismo universal profético-platônico-crístico, lá onde ele foi roto no início do IV século.

Mesmo dentro dos arraiais da teologia romana se erguem vozes monistas como, ultimamente, o grande cientista jesuíta, P. Teilhard de Chardin, cujos livros são, em parte, corajosas afirmações da Verdade; como era de esperar, os advogados do Poder ergueram enorme grita de protesto contra esse arauto da Verdade.

No próprio Concílio Ecumênico recentemente reunido, de Roma se ouviram vozes *pró-Verdade*, embora, como era de esperar, a maioria dos Padres conciliares fossem *pró-Poder*.

Nós, no movimento mundial que no Brasil, chama *Alvorada*, com sede na capital de São Paulo, estamos sinceramente empenhados em descobrir o "tesouro oculto do reino de Deus dentro do homem", evocando-o das profundezas dormentes da potencialidade racional do homem "crístico por natureza", a fim de o manifestar na atualidade vígil. Partimos do princípio profético-platônico-crístico de que o Infinito está no finito — "o Pai está em mim, e o Pai está em vós", "o reino dos céus está dentro de vós". Se Deus e seu reino estão no homem em estado latente ou dormente, porque não poderiam acordar e manifestar-se, na vida individual do homem, e na vida social da humanidade?

Visão telúrica — visão cósmica

Todo o nosso mal está em possuirmos do homem e do Universo apenas uma visão unilateral, limitada, telúrica — e não uma visão unilateral, universal, cósmica. Consciente ou inconscientemente, fazemos coincidir a existência humana com o seu estágio terrestre, que nos serve de bitola e ponto de referência para tudo; a morte é, para nós, o fim da vida. Desta perspectiva limitada e imperfeita, jamais conseguiremos uma compreensão exata da mensagem do Cristo e de outros mestres sapienciais da humanidade, que falavam da excelsa atalaia duma visão cósmica. O Evangelho, sobretudo o Sermão do Monte, que é a culminância da mensagem do Cristo, supõe uma visão ultraterrena, cósmica, eterna. É totalmente inútil querer compreender as palavras do Cristo por meio duma análise intelectual, empírica, egocêntrica.

Estamos escravizados pela concepção de *tempo* e *espaço* — só seremos libertos por uma visão do *eterno* e do *infinito*. Somente *sub specie aeternitatis*, como dizem os iluminados, é possível compreender a verdade do Evangelho.

Consoante a miopia da nossa visão telúrica, deve o homem bom sofrer agora a fim de poder gozar mais tarde — ou então gozar agora para sofrer mais tarde. Sobre a entrada de um mosteiro trapista da França se acha gravada esta legenda dualista: *A mágoa de viver sem prazer vale bem o prazer de morrer sem mágoa*. Estas palavras, que cristalizam toda a nossa teologia dualista, supõem que Deus seja um ser mesquinho, sádico, que não permita a seus filhos uma alegria completa e permanente — só permite 50% de alegria contra 50% de tristeza, porém nunca 100% de alegria; a divisa desse Deus dualista é: ou gozar aqui na terra e sofrer no além — ou então sofrer agora e gozar após-morte.

E o próprio Evangelho do Cristo parece justificar essa concepção dualista da vida humana, pois não fala o divino Mestre no "caminho estreito" e na "porta apertada" que garantem ao homem a entrada no "reino dos céus"? Não diz que o "reino dos céus sofre violência, e só os que usam de violência é que tomam de assalto"? Preconizando assim o sofrimento, a renúncia, a violência contra si mesmo como o preço da felicidade eterna?

Quem assim pensa e fala esquece-se do reverso da medalha, isto é, de outras palavras do mesmo Mestre, como, por exemplo, as seguintes: "O meu jugo é suave e meu peso é leve"; ou estas: "Eu dou a paz, eu vos deixo a minha paz; não a dou como o mundo dá — para que a minha alegria esteja em vós, seja perfeita a vossa alegria, e ninguém mais tire de vós a vossa alegria."

Esta suavidade, leveza, paz e alegria são coisas que o Cristo oferece aos seus discípulos, não só em tempos futuros e lugares remotos, mas agora e aqui como compatíveis com a vida humana aqui na terra, a despeito de todas as adversidades.

Na primeira série dos textos citados, o Nazareno fala aos principiantes, aos profanos de boa vontade, ainda em luta com o seu velho ego; aos que se acham no curso primário soletrando o á-bê-cê da vida — na segunda série de textos, o Mestre fala aos universitários do espírito, aos que superaram tanto a mentalidade dos analfabetos, dos profanos de má vontade, como também a condição dos semialfabetizados, dos profanos de boa vontade; fala aos que superaram tanto a viciosidade dos *maus* como também a virtuosidade dos *bons* — e entraram na zona da sabedoria dos *perfeitos*. Os perfeitos (*teléios*, em grego, os que estão perto do *télos*, da meta final) fazem sem dificuldade, sem sacrificialidade, aquilo que os maus não fazem, e os bons fazem com sofrimento; os perfeitos fazem com alegria, suavidade, leveza, o que devem fazer, mas não o fazem por um *dever compulsório*, e sim por um *querer espontâneo*, cujo último segredo só os sábios conhecem e compreendem — e eles são os sábios, os sapientes, os *sabedores* da verdade e, por isto, os *saboreadores* da vida da perfeita felicidade. Para esses sábios, sabedores e saboreadores, não existe mais o ominoso dualismo do *sofrer aqui para gozar acolá*, *ou* então *gozar aqui* para *sofrer acolá* — para eles, toda a existência humana, aqui e acolá, aquém e além, na terra e nos céus, é perene alegria, paz, leveza, suavidade, porque entraram numa outra dimensão de vivência; ultrapassaram a zona da ignorância, do erro, da semissapiência, e entraram na zona de plenissapiência, onde o velho dualismo antiético se converteu no novo monismo sintético e não se trata mais de *viver com mágoa* para *morrer com prazer*, nem de *viver com prazer* para *morrer com mágoa*. Para os perfeitos, sabedores da verdade total, os saboreadores da felicidade integral, a vivência humana entrou numa nova dimensão, saiu da estreiteza da visão telúrica, dualista — e entrou na largueza da visão cósmica, monista. "O reino dos céus foi proclamado sobre a face da terra"... "E há um novo céu e uma nova terra"...

Fazer bem dá desvantagem?

Parece que sim, por isto todos os profanos preferem fazer o mal e gozar — a fazer o bem e sofrer.

Por que esta revoltante discrepância? Por essa paradoxal disparidade entre o fazer-mal e gozar — e o fazer-bem e sofrer? Será que o universo deixou de ser um cosmos de ordem e se tornou um caos de desordem? Não seria mais cósmico que o homem bom gozasse e o homem mau sofresse? Por que é que ser honesto põe o homem na retaguarda do conforto — e ser desonesto o põe na vanguarda da prosperidade terrestre?

A razão dessa filosofia pessimista está na miopia da nossa visão telúrica — e na ausência de uma visão cósmica. Visualizada a curta distância, essa desarmonia é um fato — vista a longa distância, a harmonia é a verdade.

Que é a nossa existência terrestre?

Um segundo, a fração de um segundo, no quadro da nossa existência total. Que diferença faz que, na fração de um segundo, haja uma aparente discrepância ou desarmonia entre o ser-bom do sofredor e o ser-mau do gozador?

Quando o fotógrafo revela um retrato no banho de sais, aparece tudo invertido: o branco saiu preto, e o preto saiu branco. Será que ele joga fora a sua fotografia por causa dessa discrepância? Não sabe que, de início, tem de ser assim mesmo. Depois, no positivo, a luz inverte os claros e os escuros — e sai tudo certo. A luz, que faz o positivo, retifica o negativo feito pela água da solução química.

No positivo da ordem cósmica, ser-bom é gozar — e ser-mau é sofrer. Mas... esta verdade está numa outra dimensão. Quem é capaz de olhar para além do negativo do plano telúrico, de tempo e espaço, e enxergar o positivo do plano cósmico, do eterno e do infinito, esse não se revoltará com o aparente caos da vida presente, porque sabe que é um pseudocaos, ao passo que o cosmos é uma realidade perene.

Quem confunde ser-feliz com gozar, e ser-infeliz com sofrer, está na ego-dimensão telúrica; mas quem sabe que o homem pode ser feliz no sofrimento, e infeliz no gozo, esse entrou na Eu-dimensão cósmica.

Por isto, em qualquer hipótese e para todos os efeitos, o principal é ser-bom, incondicionalmente bom, quer no gozo, quer no sofrimento.

Também aqui vale a grande máxima da sabedoria da *Bhagavad Gita*: "Homem, trabalha intensamente — mas renuncia a cada momento aos frutos do teu trabalho". Ou então a sapiência do Nazareno: "Quando tiverdes feito tudo que devíeis fazer, dizei: Somos servos inúteis; cumprimos a nossa obrigação — nenhuma recompensa merecemos por isto."

É a sabedoria suprema de se sentir "inútil", de não se julgar "credor", de não ser "mercenário", aguardando algo pelo fato de ser bom...

Homem, ainda que o teu ser-bom te traga todos os sofrimentos, injustiças e ingratidões — não te sintas infeliz nem frustrado! És um grande vencedor! És o construtor do teu céu... Ser bom, realmente bom, não é ser mercenariamente bom, por causa de algum gozo que daí resulte; ser realmente bom é ser incondicionalmente bom, sem segundas intenções, sem temor de algum inferno nem esperança de algum céu... Céu e inferno não são lugares objetivos fora de ti; céu e inferno são estados de tua alma; são teu ser-bom, ou o teu ser-mau.

Enquanto o homem não se habituar a contemplar a vida cosmicamente, na plenitude da sua verdade total, não solverá esse tenebroso enigma. A ilusão de tempo e espaço escraviza o homem — a verdade do eterno e do infinito liberta o homem...

"Conhecereis a verdade — e a verdade vos libertará"...

Homicídio físico — suicídio metafísico

Sob o signo ilusório do tempo, é melhor *matar* do que *ser morto*; e, como o nosso ego só conhece este signo e ignora totalmente o signo da verdade eterna, é perfeitamente lógico que o homem-ego, o profano, prefira matar a ser morto. E nunca faltam motivos ao ego para justificar essa política egocêntrica. Até o famoso teólogo cristão, o "santo" Tomás de Aquino, com a aprovação da sua igreja, afirma na *Summa Theologiae*, que em quatro casos é permitido ao homem matar outro homem, a saber: 1) em caso de justa defesa, 2) em caso de uma guerra justa, 3) pode a autoridade civil mandar matar os grandes criminosos, 4) pode a autoridade eclesiástica permitir a matança de hereges impenitentes.

Em todos esses casos, é o ego pecador que advoga a sua própria causa pecaminosa — mesmo em nome do Cristo! O maior triunfo do anticristo consiste, sem dúvida, no fato de ter conseguido hastear a bandeira do Cristo sobre o quartel-general do anticristo.

O Eu divino no homem prefere sempre morrer a matar, porque sabe que morrer não é morte real, ao passo que matar pode levar a uma morte real, à "morte eterna" do próprio matador. "Não temais aquele que mata o corpo — temei aquele que também pode matar a alma." Quem é esse que pode matar a alma, o Eu, o indivíduo? É o próprio homem pecador; porquanto, a morte verdadeira, a morte eterna, não pode ser infligida por nenhum agente externo, mas só pode ser produzida pelo próprio homem pecador, em virtude do abuso do seu livre-arbítrio. A morte eterna é um *suicídio metafísico*. O homicídio físico comum não é morte real; é apenas a destruição do corpo material, próprio ou alheio, mas não é a destruição da individualidade humana, da alma, do Eu real, que é invulnerável de fora, embora vulnerável de dentro. Somente o pecado impenitente, o abuso do livre-arbítrio, é que pode provocar a morte real, a destruição do indivíduo.

Por isto, o homem sacro prefere sofrer o *homicídio físico*, infligido por mão alheia, a cometer o *suicídio metafísico*, produzido por culpa própria. Ele vê um mal maior em matar pecaminosamente do que em morrer inocente.

O ignorante prefere matar a morrer.

O sapiente prefere morrer a matar.

O Cristo nunca permitiu a morte de um único homem, nem mesmo na mais legítima defesa, no horto das Oliveiras, quando

Simão Pedro arrancou da espada para defender o Mestre inocente contra os agressores culpados.

O nosso cristianismo teológico pouco ou nada tem a ver com a mensagem do Cristo; age em nome da inteligência luciférica, quando o Evangelho Cristo age em nome da razão crística. Nossos são "todos os reinos do mundo e sua glória" — mas o reino do Cristo, embora neste mundo, "não é deste mundo".

Muitos estranham que o cristianismo não tenha melhorado a humanidade, nem que seja capaz de evitar guerras e extermínios. Essa estranheza se baseia na suposição tácita de que o nosso cristianismo seja a continuação da mensagem do Cristo, o que é radicalmente falso.

Cristianismo *versus* comunismo

Disse-me alguém que neste mundo há só duas coisas: *Comunismo — ou Cristianismo*. Contestei a afirmação, e fiz-lhe ver que ele confundia o nosso cristianismo com a mensagem do Cristo. O nosso cristianismo não é a antítese do comunismo, porque tanto este como aquele visam ao poder, mesmo à custa da verdade. O nosso cristianismo visa à ditadura sobre as almas, ao passo que o comunismo visa à ditadura sobre os corpos — são dois ditadores empenhados na conquista do poder, com menoscabo da verdade. Ora, dois rivais não se toleram no mesmo terreno; daí a conhecida hostilidade entre o cristianismo e o comunismo.

Os Estados Unidos, ultimamente, mostram grande simpatia pelo cristianismo na forma do catolicismo romano, porque veem nele um aliado contra o comunismo. Essa ilusão é facilmente compreensível, em face da espantosa ingenuidade religiosa que caracteriza, geralmente, os americanos, como o exímio pensador contemporâneo Hermann Keyserling fez ver no segundo volume do seu livro *Reisetagebuch Kines Philosophen*. Parece que a democracia americana não compreendeu ainda que a teologia romana não defende uma tese anticomunista, mas defende a sua ditadura romana contra a ditadura moscovita.

Catolicidade platônica — ou catolicismo aristotélico?

A filosofia de Platão, e dos neoplatônicos, é essencialmente mística, universal, católica (palavra grega para "universal") — ao passo que a ideologia de Aristóteles é, de preferência, intelectual, parcial não-universal.

A catolicidade crística dos três primeiros séculos da era cristã é tipicamente platônica-mística — o catolicismo eclesiástico, a partir do quarto século, é visceralmente aristotélico.

Tomás de Aquino, o codificador do catolicismo aristotélico, representa a teologia cristã-clerical — Francisco de Assis encarna a catolicidade crística do Evangelho.

Católico, no sentido grego de "universal", não admite-se adjetivo restritivo; o catolicismo, sendo apenas universalismo, mas não universalidade, é suscetível de adjetivação como, por exemplo, romano. A catolicidade universal não pode ser romana, sob pena de ser restrita e parcial e, portanto, não-católica. Universalidade não-universal é uma contradição.

A Verdade é, necessariamente, universal.

O Poder pode ser parcial, embora pretenda ser universalista.

Os grandes gênios espirituais da humanidade proclamam a Verdade e não se interessam pelo Poder, que nasce da organização do ego. Poder não nascido da Verdade é violência. O Poder nascido da Verdade é benevolência. Mahatma Gandhi, abolindo a violência (*ahimsa*), triunfou pela Verdade (*satyagraha*), porque o Poder nascido da Verdade é um Poder benéfico, ao passo que o Poder que ignora a Verdade é um Poder maléfico.

O Poder é do ego.

A Verdade é do Eu.

O tentador no deserto, Pilatos, Constantino Magno, são representantes típicos do Poder sem a Verdade. O Cristo é o expoente máximo da Verdade e por isto tem "todo o poder no céu e na terra".

Gandhi é a mais esplêndida demonstração da Verdade que se revela em Poder benéfico.

Dizer que o Cristo fundou uma sociedade eclesiástica é a maior difamação que se pode assacar-lhe, porque é reduzir o maior gênio espiritual da humanidade a um talentoso codificador de preceitos e proibições, tarefa de egos inteligentes, mas não do Eu espiritual.

Quem organiza sociedade prova que não tem confiança na onipotência da Verdade em si; que não necessita de escoras e muletas para garantir a perpetuidade da Verdade.

O gênio proclama a Verdade.

O gênio organiza o Poder.

A Verdade é do Eu divino.

O Poder é do ego humano.

Cosmos — ou caos

Vivemos na ilusão de que sejamos responsáveis pela ordem do Universo — como se o cosmos pudesse acabar em caos, se nós não o salvássemos!...

Achamos que devemos resistir aos malévolos, para que os benévolos não sejam exterminados pelos malévolos, sobre a face da terra...

Quanta insensatez!

Quanta miopia!

Assim diz o insensato na sua erudita ignorância: Se eu não resistir ao injusto, amanhã a injustiça eclipsará a justiça; logo, é meu dever resistir ao injusto...

"Mete a tua espada na bainha!"...

"Não resista ao malévolo!"...

Esta é a linguagem irracional do divino Mestre — mas os seus humanos discípulos julgam de seu dever serem mais racionais, corrigirem o Mestre e arvorarem-se em supermestres do Cristo. Só de vez em quando aparece um "mahatma", uma grande alma, e resolve ser tão irracional como o Mestre, e proclamar *ahimsa*, não violência, e crer incondicionalmente no "poder da Verdade", *satyagraha*... Mas as pequenas almas, que creem nas armas, não creem nessa grande alma, que detesta as armas...

Achamos que, se hoje há 50% de maus contra 50% de bons, e se estes não resistirem àqueles, amanhã haverá 100% de maus contra 0% de bons — e é dever nosso evitar esse descalabro. E, por isto, concluímos, devemos também nós, os bons, tornar-nos maus, resistindo aos maus, para que os maus não tomem conta do mundo e destruam o reino de Deus sobre a face da terra.

Que é da nossa lógica?

Que é da nossa matemática?

Como poderíamos salvar do extermínio os bons, se nós mesmos nos tornássemos maus?

O primeiro passo para garantirmos a vitória dos bons é sermos bons nós mesmos, e não nos nivelarmos com os maus.

"Deixai crescer o joio no meio do trigo."

Toda essa confusão vem da nossa miopia de identificarmos a existência do gênero humano com a sua efêmera vivência neste planeta e reduzirmos a vida do homem a 50 ou 60 anos.

A vitória do bem sobre o mal nada tem que ver com este cenário *telúrico* — ela é essencialmente um processo *cósmico*. Ainda que todos os bons fossem exterminados pelos maus, aqui na terra, nenhuma derrota teria sofrido a causa do bem. Mas se os bons resolverem tornar-se maus, a fim de salvar a causa do bem, então a causa do bem sofreu grande derrota — as potências do inferno prevaleceram contra as potências do céu.

A nossa tarefa não consiste em salvarmos a causa do bem, mas simplesmente em *sermos bons nós mesmos*, incondicionalmente bons. Não temos de salvar o Universo de Deus — temos de salvar somente a nós mesmos. O resto não é da nossa conta.

Se eu me salvar, se tu te salvares, se nós nos salvarmos — então o Universo estará salvo...

É tão fácil envolver numa aura de amor abstrato a humanidade toda — mas é tão difícil amar em concreto o ser humano ao nosso lado, esse ser individual A, B ou C!...

"Ninguém é herói pelo que fez — só é herói quem sabe sofrer e renunciar" (Schweitzer).

Somos todos doutores em teorias — e somos todos analfabetos na prática...

Se alguém é capaz de realizar na vida prática 1% dos 100% da sua filosofia teórica — está de parabéns...

As nossas altivolantes teorias abstratas produzem em nós uma embriaguez de gloriosidade — a prática concreta de uma diminuta parcela dessas teorias nos mantém num nível de silenciosa humanidade...

A única ordem e harmonia ao nosso alcance é a ordem e harmonia dentro de nós mesmos...

O homem é livre?

"*Der Mensch kann tun, was er will – aber er kann nicht wollen, was er will*"(o homem pode fazer o que ele quer — mas não pode querer o que quer) — estas palavras estranhas de Schopenhauer, citadas por Einstein, contêm uma verdade profunda. O homem, é certo, possui livre-arbítrio, em virtude do qual pode fazer o que quer — mas será que esse livre-arbítrio lhe permite querer tudo que ele desejaria querer e fazer? Não! O livre-arbítrio do homem é suficiente para que ele seja responsável por seus atos livres, mas essa responsabilidade é limitada pela própria finitude da natureza humana: ontologicamente falando, o homem é apenas parcialmente livre. Se ele fosse totalmente livre, seria onipotente, como o Infinito. No Infinito, diz Spinoza, coincidem a liberdade e a necessidade; Deus é necessariamente livre, e livremente necessário.

Teologia clerical — e descalabro social

Repetidas vezes, em livros e conferências, tenho abordado este tema de candente atualidade — e quase sempre me tem valido esta franqueza o título de anticlerical. Se sou anticlerical, não sou por mero esporte e caturrice, mas a isto sou levado pelo impacto inexorável de fatos que ninguém pode negar.

Tenho afirmado, e continuo a afirmar, que a mais profunda e a mais ignorada raiz do nosso descalabro social está na falsa educação religiosa, desde a Idade Média, mesmo desde o quarto século da era cristã. Os resíduos dessa falsa educação desceram do consciente e se depositaram no subconsciente dos povos, sobretudo latino--católicos, e lá no fundo formaram uma vasta estratificação, que atua imperceptivelmente sobre a vida desses povos.

Os povos nórdicos, não latinos, graças ao seu pronunciado espírito de autonomia, libertaram-se parcialmente dessa teologia clerical, quando, a partir do século XVI, sacudiram o jugo da tutela de Roma, sede dessa infeliz ideologia.

A teologia clerical não obriga seus adeptos a serem internamente honestos; pode o católico cometer qualquer pecado durante a vida inteira; mas, se se arrepender no fim da vida e receber absolvição sacramental pelo clero, está limpo como se nunca estivera sujo. Se sobrar alguma "pena temporária" a ser expiada no purgatório, qualquer amigo aqui na terra a poderá cancelar, mediante uma rápida e cômoda "indulgência plenária". Portanto, não é necessário que o católico evite os pecados, com sacrifícios, honestidade e justiça. Para que esses sacrifícios, se sem sacrifício algum pode conseguir o mesmo efeito? A lei do menor esforço predomina na natureza inteira; e por que deveria o homem sujeitar-se a 50 anos de honestidade difícil, não mentindo, não roubando, não defraudando, se pode conseguir o mesmo efeito em 5 minutos de arrependimento no fim da vida? Mesmo no caso em que esteja inconsciente e não possa confessar-se, a Extrema-Unção, como afirma a teologia, produz o mesmo efeito no moribundo, e a indulgência plenária de um amigo completará, sem sacrifício algum, o que, porventura, falte ainda para a entrada no céu.

Esta teologia comodista, adotada por centenas de milhões de homens, é um convite para todas as desonestidades durante a vida terrestre. Por isto, pode o católico viver despreocupado no meio dos seus pecados, porque a presença do padre, chaveiro do céu, lhe garante a salvação.

O protestante não se libertou totalmente dessa ideologia funesta, mas reduziu a extrema facilidade da salvação e estabeleceu um método mais difícil, pois um ato de fé no sangue redentor de Jesus é menos garantido do que uma confissão da parte do penitente e a absolvição do padre.

Semelhante ideologia é flagrantemente antiética e forma o substrato da consciência desses povos, impossibilitando o triunfo do reino de Deus aqui na terra.

Ora, onde não há consciência de honestidade interna não pode haver verdadeira prosperidade. É fato que os povos latinos, mais afetados por essa infeliz teologia, andam sempre de reboque dos povos nórdicos, onde penetrou mais profundamente a ética sadia do *Evangelho*.

Sobretudo aqui no Brasil — proclamado aos quatro ventos como "a maior nação católica do mundo" — o descalabro social atingiu proporções calamitosas, principalmente nas classes dominantes. Governo e funcionalismo público, geralmente falando, não se julgam responsáveis perante o povo; recebem o seu salário mensal, produto do suor do povo, e não se julgam obrigados a prestar à nação os serviços correspondentes a esse dinheiro, que vem do povo. A mais clamorosa falta de consciência caracteriza quase todos os departamentos da administração pública, federal, estadual, municipal.

Se o Brasil conseguisse um período, digamos, de cinco anos de administração 100% honesta, estaríamos totalmente livres da inflação interna e da dívida externa. Mas isto exigiria a presença de meia dúzia de homens autorrealizados, ou em vias de autorrealização — e onde estão esses homens?

Esses homens deviam possuir, em uma só pessoa, dois atributos raríssimos: 1) competência e 2) honestidade. Por vezes, encontramos pessoas competentes não-honestas, como também pessoa: honestas não-competentes — mas seria verdadeiro milagre encontrar um homem ao mesmo tempo 100% *competente* e *honesto*.

No meu livro *Educação do homem integral*, pus o dedo na ferida, fiz o diagnóstico do mal número um do Brasil e do mundo, e sugeri também o remédio único ao grande mal.

Mas quem estaria disposto a tomar o remédio?...

A única crise real que existe no Brasil, e alhures, é a crise de consciência...

As nossas teologias eclesiásticas dominantes relegaram para após-morte o triunfo do reino de Deus e assim dispensaram seus adeptos de qualquer esforço sério de o realizar, pelo menos inicialmente, aqui na terra, como exigia o Cristo.

A sociedade humana de hoje é composta de duas classes: os *exploradores* e os *explorados*. Aos exploradores prometem os nossos teólogos a salvação, contanto que deem uma porcentagem dos seus roubos para fins religiosos ou beneficentes enquanto os explorados recebem a magra consolação de sofrerem mais uns 10, 20 ou 50 anos, porque é pelo sofrimento que o homem se salva, e Jesus foi o maior dos sofredores.

E assim conseguem as nossas teologias narcotizar as consciências de exploradores e dos explorados, perpetuando o *status quo* da nossa infeliz humanidade e impossibilitando o advento do reino de Deus sobre a face da terra. "Guias cegos guiando outros cegos" — não repetiria o Cristo estas mesmas palavras aos nossos guias espirituais, essas palavras candentes com que ele fulminou os guias espirituais de Israel? Será que alguma coisa mudou?...

Enquanto o nosso cristianismo continua a trair o Cristo — sob a bandeira do Cristo! — não há esperança de melhores dias para a humanidade.

Transformação da vida

Todos os grandes mestres da humanidade proclamaram a necessidade de transformação da vida humana na terra — nenhum deles ensinou *conformismo* nem *escapismo*, como é de uso e abuso entre os seus chamados discípulos.

Os materialistas acham que o homem deve conformar-se passivamente com as misérias da vida terrestre, extraindo da existência a maior soma de conforto e prazer, e depois morrer para sempre. Os espiritualistas acham que a vida humana pode ser transformada em algo melhor, mas só depois da morte e em regiões distantes do Universo, que chamam "céu"; a vida presente, dizem eles, é necessariamente culpa e pena, sofrimento universal e inevitável. Não aprovam os crimes dos exploradores, mas acham que os explorados devem conformar-se com a situação, até que soe a hora da libertação, em outros tempos e outros espaços.

Tanto o conformismo dos materialistas como o escapismo dos espiritualistas são incompatíveis com o espírito de *transformismo* dos verdadeiros mestres da humanidade, que proclamam, todos eles, a possibilidade de uma profunda transformação da humanidade, aqui e agora.

Transformação em virtude de que força?

Em virtude de uma força que existe em cada homem, mas se acha em estado de dormência na maior parte dos homens. "O homem pode fazer tudo que quer — escreveu Schopenhauer — mas não pode querer tudo que quer." E por que não pode o homem querer tudo que quer, ou que quisera poder? Porque o "poder querer" depende de um certo grau de experiência ou compreensão interior — e poucos estão dispostos a crear em si esse ambiente, no qual poderia vingar esse "poder querer", cujo nascimento exige a morte de algo que o velho ego não quer ver morrer. "Se o grão de trigo (ego) não morre, ficará estéril"...

Aqui estamos na fronteira de duas causalidades, a *causalidade mecânica*, que nos escraviza, e a *causalidade dinâmica*, que nos liberta. Aquela é uma *continuação*, cadeia de muitos elos concatenados — este é um novo *início*, cuja causa não jaz lá fora, em algum elo anterior, escravizante, mas dentro do próprio homem; essa causa interna é o próprio Eu humano, divino, onipotente, que pode causar tudo, mas não é causado por nada.

Esse novo início, essa causalidade dinâmica, essa causa causante e não causada, essa onipotência dormente dentro do homem, é o seu livre-arbítrio, o seu onipotente "eu quero".

Enquanto o homem deixar dormir essa onipotência "Eu", é ele chutado como uma bola de jogo, pelas circunstâncias tirânicas, como se fosse impotente, quando de fato é onipotente, mas uma onipotência dormente é uma impotência — e daí vêm todas as misérias e fraquezas do homem profano. A solução não está na *presença* da onipotência, a solução está na *consciência* dessa presença onipotente. Deus está onipresente, mas dentro dessa onipotente presença de Deus existem todas as misérias e fraquezas do homem — por quê? Porque o homem não tem consciência dessa presença libertadora, e por isto é escravo. Quando o homem passa da *inconsciência* da presença onipotente, para a *consciência* dessa presença onipotente, então se torna partícipe dessa onipotência, porque lançou uma ponte entre si e essa presença, e essa ponte, que é a consciência (a "ciência com"), o põe em contato com a onipotência do Universo. A nítida consciência da presença *universifica* o homem e, como o Universo é onipotente, o homem assim universificado também é onipotente.

"Tudo é possível àquele que tiver *fides* (fé)... e nada é impossível àquele que tiver *fides*"...

Fides é o radical de *fidelidade*; o homem que tiver fidelidade, harmonia, sintonia, com o Todo Onipotente, também participa dessa onipotência; mas se não estiver em sintonia ou fidelidade com a Onipotência Cósmica, é fraco e impotente.

Se as *circunstâncias externas* derrotam o homem, de quem é a culpa? A culpa é do próprio homem, porque ele não evocou do sono a sua *substância interna*.

Quando o homem descobre, finalmente, o "tesouro oculto do reino de Deus" que está nele, embora ignoto, então entra ele em contato direto com a "energia nuclear", que é o seu Eu divino, essa "luz do mundo", capaz de permear e transformar, pelo poder da *substância interna*, todas as *circunstâncias externas*.

As nossas igrejas dizem que o homem tem o *dever* de se transformar, mas não lhe dão o *poder* para essa transformação; e por isto o homem se convence de que essa metamorfose não é possível, aqui e agora: se possível é, deve ser no futuro, após-morte, em alguma longínqua galáxia do cosmos. Esperam muito da morte — como se a morte fosse mais poderosa que a vida...

A Filosofia Cósmica, a Sabedoria Univérsica, a Mensagem Crística, afirma que essa transformação é possível, aqui e agora, pela onipotência do nosso Eu divino, tornado consciente, pleniconsciente; e mostra ao homem o caminho e o processo de despertar em si essa onipotência dormente.

Esse poder está no "núcleo" do homem; e uma absoluta *fides* ou fidelidade a esse núcleo divino extrai dele essa "energia nuclear". Quando o homem vive a verdade "Eu e o Pai somos um", "Vós sois deuses" — então se torna ele onipotente. E todas as fraquezas do homem acabam em força, todas as suas ignorâncias culminam em sapiência...

A ignorância e o erro escravizam o homem — a sabedoria o liberta.

A verdade é a experiência vital "Eu e o Pai somos um"...

O caminho para essa experiência mística é uma profunda *fides* aliada a uma genuína ética da vida diária, porque sem essa ética não é possível uma verdadeira fidelidade à Realidade Suprema.

Essa vivência ética, que preludia a experiência mística, é, no princípio, um "caminho estreito" e uma "porta apertada"; mas acaba, no fim, em um "jugo suave" e num "peso leve". Por causa dessa dificuldade inicial, muitos homens deixam de descobrir a facilidade final; muitos preferem ser *alegremente maus* a viverem *tristonhamente bons* — porque não descobriram ainda o maravilhoso elixir de serem *alegremente bons*.

Bomba atômica ou Sermão do Monte?

A bomba atômica é o último produto da inteligência luciférica do homem, essa inteligência que sempre destrói pela violência o que construiu pela ciência.

O Sermão do Monte é o mais perfeito produto do espírito crístico, que tudo constrói pelo amor, e nada destrói pelo ódio.

A negatividade do ódio não compreende a positividade do amor.

Enquanto o homem marcar passo no plano da falsa matemática, de opor violência, continuará a reação em cadeia das violências destruidoras, e a humanidade marcará passo nesse interminável círculo vicioso, de construir para destruir.

Somente quando o homem aprende a nova matemática infinitesimal, de opor benevolência à violência, amor ao ódio, bondade à maldade, é que ele rompe um elo da cadeia — e a cadeia está inutilizada.

Somente o *comunismo das almas* pode acabar com o *comunismo das armas*.

Somente esta *matemática-açu* do amor pode neutralizar a *matemática-mirim* do ódio.

Basta quebrar um único elo duma cadeia de cem elos, e a cadeia está inutilizada. "Se um único homem chega à plenitude do amor, neutraliza o ódio de muitos milhões" (Gandhi).

Mas para quebrar um único elo na cadeia do ódio, requer-se uma força tão grande que até parece fraqueza e covardia aos olhos dos profanos. Pagar mal com mal, olho por olho, dente por dente; ferir a quem nos feriu; reclamar o manto que alguém nos roubou; negar a outrem um serviço de mil passos que nos pediu — tudo isto é chamado força e brio pelos profanos, e o contrário é considerado falta de brio e de dignidade.

Se eles soubessem que os violentos são os fracos, os valentões são os covardes — e os mansos e pacíficos são os fortes, os homens cheios de brio e de dignidade!...

Mas... cada um pensa e age segundo a medida do seu conhecimento — ou da sua ignorância...

Faraó — Moisés — Gandhi

A *violência* do Faraó é derrotada pela *inteligência* de Moisés — e estas duas são superadas pela *benevolência* de Gandhi. Cada um apela para aquele tipo de força que lhe parece ser a maior. Quem não dispõe da *magia mental* de Moisés, deve lançar mão da *violência brutal* do Faraó — mas quem descobriu a *benevolência espiritual*, pode aposentar aquelas outras forças. Quem é dono da força do espírito pode renunciar ao espírito da força.

Que diria um leão, um elefante, um búfalo, se lhe recomendássemos que estudasse energia eletrônica ou física nuclear, em vez de derrotar os seus inimigos com a força dos seus músculos, dos seus dentes, das suas garras, dos seus chifres? Tacharia de fraqueza a inteligência humana e consideraria o clímax da força a violência material que usa.

Que diria um homem inteligente se lhe recomendássemos "ama os teus inimigos", "faze bem aos que te fazem mal"? Não acharia melhor a velha praxe "matar teus inimigos" e "faze mal a quem te fez mal"? Consideraria fracos, tolos, covardes a todos os cultores da bondade espiritual... E teria razão, lá do seu ponto de vista. Cada um julga as coisas assim como ele é, e não assim como elas são, porque "o conhecido está no cognoscente segundo o modo do cognoscente". O homem material só pode dar valor às coisas materiais — cada qual com seu igual. O homem intelectual só dá valor às coisas da inteligência. O homem espiritual não pode ser compreendido pelo homem mental ou material.

Quem conhece apenas 10 não dá valor ao 50; e o conhecedor de 50 não dá valor ao 100.

Todo o nosso *conhecer* depende do grau do nosso *ser*. O critério dos nossos valores é bitolado pelo grau da nossa evolução interna.

Matéria — essa desconhecida

O materialista ingênuo julga saber o que é matéria. Fala da matéria como de uma coisa nitidamente conhecida. Pensa que matéria seja algo tangível, visível, cognoscível.

E, no entanto, matéria é mera hipótese, um enigma, uma eterna incógnita, um misterioso X. Nunca ninguém viu nem tangeu matéria. Matéria é um símbolo para algo intangível, incognoscível; pode ser tudo, até espírito ou Deus, como C. G. Jung desenvolveu tão magistralmente no seu prefácio ao livro *Die grosse Befreiung*, de Evans-Wentz.

O que os nossos sentidos percebem e a nossa mente concebe da matéria não passam de simples manifestações ou atributos fenomenais da matéria, mas não é a matéria em si, a sua íntima essência, esse eterno X do Universo.

De maneira que o materialista é um dogmático erudito, um crente ingênuo, que crê e adora um "deus desconhecido", pensando que o símbolo visível da sua divindade seja a própria divindade que ele cultua. Todo materialista é um idólatra, que adora um *eidolon* (ídolo), em vez do *eidos* (realidade). Mas como ele ignora a sua própria ignorância, fala em tom de grave convicção sobre a sua matéria — essa desconhecida — e, possivelmente, briga com seu vizinho espiritualista, que adora um "falso deus", o espírito.

Na realidade, ninguém sabe o que é espírito, como ninguém sabe o que é matéria; são dois rótulos para algo comum, que não é isto nem aquilo, como mostra Bertrand Russel, no início do seu livro *Analysis of Mind*.

Materialistas e espiritualistas são ambos irmãos de Dom Quixote que, como refere Cervantes, passou uma noite inteira lutando contra moinhos de vento, pensando que fossem formidáveis regimentos inimigos; quando, ao amanhecer, inspecionou o campo de batalha, o herói só viu asas de cataventos despedaçadas em vez de cadáveres sangrentos de inimigos.

Quanta luta dom-quixotesca entre os devotos da matéria e os cultores do espírito! Luta em torno de dois símbolos cognoscíveis que ocultam um Simbolizado Incognoscível...

Quando o homem se aproxima notavelmente do Simbolizado Incognoscível, da Realidade Absoluta, então desiste de toda a luta, porque passou da ignorância para a sapiência — e a sapiência não é bandeira sob a qual se possa lutar — lutar só se pode sob o signo da ignorância ou do erro.

Quem sabe não discute.

Só discute quem ignora ou duvida.

Quando o materialista se torna espiritualista, troca de prefixo, hasteia nova bandeira simbólica — mas continua a marcar passo no plano dos símbolos, ignorando o Simbolizado. Quem conhece experiencialmente o Simbolizado, a eterna Realidade para além dos efêmeros Realizados, esse não mais professa materialismo nem espiritualismo; saiu da zona dos "espelhos e enigmas" e contempla a Realidade "face a face".

"Quando eu era criança..."

"Quando me tornei adulto..."

Muitas são as crianças que brigam por causa das suas lindas bonecas simbólicas — poucos são os adultos que silenciam o que sabem, porque o Simbolizado é o grande Silêncio...

Quem não sabe fala...

Quem sabe cala...

Quando algum sapiente troca o calar pelo falar tem a plena convicção da sua insipiência; mas, por vezes, as circunstâncias o obrigam a agir como insipiente — e somente o plenissapiente pode sujeitar-se a esse paradoxo de parecer insipiente; os insipientes ou semi-insipientes devem defender zelosamente a sua pseudossapiência... Devem escorá-la com toda a espécie de argumentos, para que não desabe em ruína...

O *pouco* pode ser dito a muitas crianças insipientes.

O *muito* só pode ser dito a uns poucos adultos sapientes.

O *pouco* é ruidoso.

O *muito* é silencioso, são os "ditos indizíveis" de Paulo de Tarso.

Ser criança ou tornar-se como criança?

O homem ingenuamente crente não se *tornou como criança*, como o Nazareno exige; *ficou simplesmente criança*, nunca saiu da infância espiritual de um ingênuo crer.

O descrente, o cético, deixou de ser criança, não se tornou adulto. Passou da infância sadia para um infantilismo doentio.

Somente o homem sapiente adquiriu genuína adultez e por isto — por mais estranho que pareça — pode tornar-se como criança. A verdadeira sapiência experiencial é uma adultez infantil (embora não pueril); o homem experiente na zona da suprema Realidade adquiriu uma sabedoria simples; tão diáfana, tão distante de todas as sofisticações, tão cheia de segurança, de calma e de evidência, que jaz para além de todas as ruidosas e orgulhosas discussões da inteligência analítica. Esse homem não é um erudito, mas um homem culto. Pode ser que esse homem não conheça *muitas coisas*, como o homem-enciclopédia — mas sabe *muito*; o seu saber é antes *qualidade* do que *quantidade*. Não é um fichário de conhecimentos justapostos e desconexos — o seu saber tem algo de visão panorâmica, que sabe do lugar exato de cada creatura do Universo.

O homem sapiente e culto é sempre um homem serenamente dinâmico e calmo; não necessita correr afobadamente de cá para lá, a fim de apanhar e segurar as mil e uma coisas e coisinhas da vida — ele se acha como que numa vasta planície meridianamente iluminada, abrangendo simultaneamente todas as latitudes e longitudes da redondeza; embora viandante, está sempre no termo de todas as suas jornadas.

Daí lhe vem esse indefinível quê de paz dinâmica, de tranquila segurança que, não raro, envolve e penetra até as pessoas que dele se aproximam.

Saber tornar-se como criança em plena adultez é uma arte divina, é um carisma místico, é a sabedoria cósmica do homem que atingiu a "estatura da plena maturidade do Cristo".

Autorredenção — ou *alorredenção*?

É dificílimo para o cristão ocidental ser um bom *yogui*, no sentido oriental. *Yôga* implica autorredenção, e as nossas teologias são visceralmente *alorredentoristas*. As teologias eclesiásticas nasceram todas num período em que nada se sabia da íntima natureza do homem. Para os teólogos medievais — e as teologias que nunca saíram da Idade Média — o homem é simplesmente um "pecador", porque ele é o seu ego, o seu Lúcifer mental — e como poderia um pecador redimir o pecador?

Daí o instintivo horror que todo cristão eclesiástico tem à ideia de autorredenção, porque confunde autorredenção com *egorredenção*.

A psicologia de profundidade dos últimos decênios, de mãos dadas com a filosofia multimilenar do Oriente, nos deu uma compreensão mais profunda e exata da natureza humana; sabemos hoje que o homem é tanto o seu *ego-pecador* como também o seu *Eu-redentor*. O seu ego é a sua *persona* (ou máscara ilusória), o seu Eu é a sua *individualidade* verdadeira. Somente pelo Eu verdadeiro pode o homem perpetuar-se, incluindo o seu ego efêmero que, neste caso, se eterniza, integrado no seu Eu.

O que em nós peca é o ego, a personalidade mental, a serpente rastejante, o Lúcifer do nosso semiconsciente — mas o que nos liberta do pecado do ego é o Eu, a mesma serpente, mas já "erguida às alturas", o nosso Cristo interno, a "luz do mundo", esse Eu indiviso em si e indiviso do grande Todo.

Entretanto, segundo as eternas leis cósmicas, o que primeiro acorda no homem, após a longa hibernação inconsciente, é o seu ego personal, e por isto o homem se torna primeiramente pecador, ou pecável, antes de despontar nele a luz divina do Eu redentor. Esse "tesouro oculto do reino de Deus no homem" continua dormente, ou semidormente.

Mas essa dormência, ou semidormência, do Eu divino no homem não nos dá o direito de identificar o homem com o seu ego pecador ou pecável; pelo contrário, a íntima natureza do homem é divina, crística, pura, corno a "luz do mundo".

Enquanto o cristão ocidental não ultrapassar a sua teologia medieval e não descobrir o Evangelho do Cristo, não poderá, de consciência tranquila, praticar *yôga*;[5] porque a verdadeira *yôga*

---

[5] Escusado é dizer que não estamos falando de *hatha-yôga*, que muita gente pratica hoje em dia e que nada tem que ver com a *yôga* superior, mental e espiritual, de que aqui falamos.

gira toda em torno da ideia da autorredenção (não *ego-redenção*), pelo encontro do Cristo interno.

Felizmente, o Evangelho do Cristo é a Carta Magna da autorredenção, como se vê sobretudo à luz do Sermão do Monte, que é a quintessência da mensagem do Cristo. Nesse documento máximo de espiritualidade, como lhe chama Mahatma Gandhi, tudo é redenção do homem-ego pelo homem-Eu.

"Bem-aventurados os pobres pelo espírito..."

"Bem-aventurados os puros de coração..."

"Bem-aventurados os que têm fome e sede da justiça (verdade)..."

"Bem-aventurados os mansos..."

"Bem-aventurados os pacificadores..."

"Amai os vossos inimigos... fazei bem aos que vos fazem mal..."

"Deles é o reino dos céus... eles verão a Deus... eles serão chamados filhos de Deus..."

Nenhuma palavra de ritualismo, sacramentalismo, magias mentais, dogmatismos eclesiásticos, porquanto "o reino dos céus está dentro de vós"...

O despertamento desse "tesouro oculto do reino dos céus", que está dormente em cada homem — que é isto senão *yôga*?

A razão última da ineficiência do nosso cristianismo teológico é a expectativa de uma *alorredenção*, de uma redenção e dum redentor que venha de fora do homem, quando a redenção e o redentor estão dentro de cada homem. Mas, como já dissemos, o simples fato da presença de Deus ou do Cristo no homem não redime ninguém; somente a consciência dessa presença é que redime o homem de todas as suas misérias.

Por isto pode o homem crístico praticar *yôga* com todo o sossego de consciência e com todo o entusiasmo do seu coração, na certeza de que está no caminho reto e luminoso do próprio Cristo, sem o qual ninguém vai ao Pai, porquanto "um só é o vosso guia, um só é o vosso mestre, o Cristo", ele que é "o caminho, a verdade e a vida"...

Hoje em dia se está avolumando, em todos os países do mundo, a onda de autorredenção. A elite da humanidade cristã se está tornando cada vez mais crística; a massa continua a marcar passo no cristianismo teológico ineficiente, porque a hierarquia eclesiástica não permite a emancipação espiritual, que diminui o poder dos "guias cegos guiando outros cegos". A humanidade rumo ao Cristo não quer saber o que pensam os teólogos — quer saber o que disse e fez o próprio Cristo. Pois, como dizia Tertuliano, "toda a alma humana é crística por sua íntima natureza". A alma é teotrópica, ou cristotrópica, assim como as plantas, sobretudo o girassol, são heliotrópicas, voltando-se sempre para a luz.

O cristianismo teológico protesta contra a nossa "apostasia" — mas o Cristianismo crístico prossegue, impertérrito, na sua gloriosa jornada ascensional. "O sopro sopra onde quer"...

"O nosso cristianismo eclesiástico é um soro que injetamos aos homens, e quem é vacinado com o soro da nossa teologia cristã está imunizado contra o espírito do Cristo" (Schweitzer).

"Aceito o Cristo e seu Evangelho — não aceito o vosso cristianismo" (Mahatma Gandhi).

Yôga de fora — ou *yôga* de dentro?

Nesses últimos decênios, como já foi dito, milhares de homens do Ocidente procuram embeber-se de *yôga*, e alguns ultrapassam a zona meramente física da *hatha-yôga* e tentam entrar no mundo desconhecido da *yôga* superior — *raja, bhakti, gnani, karma*, e até *kriya-yôga*. Organizam-se sociedades e cursos de meditação, segundo o esquema dos mestres do Oriente, alguns dos quais aparecem entre nós, de tempos a tempos. O próprio autor deste livro frequentou, por diversos anos, um desses centros de *yôga* oriental dirigido por um autêntico *yogui* da Índia, do qual foi discípulo, auxiliar e substituto temporário.

Entretanto, a maior parte desses praticantes de *yôga* consideram essa prática como algo importado de terras longínquas; não descobriram ainda que todo o Oriente e todos os Himalaias estão dentro de cada um de nós, que são patrimônio nosso, intimamente nosso. O Eu central de todo homem é o berço da *yôga*, e tanto a Bhagavad Gita como *o Evangelho* do Cristo são magníficos roteiros para a mais ampla genuína *yôga* que se possa imaginar.

Não é necessário que pratiquemos *yôga importada* — importa que *exportemos yôga* de dentro de nós mesmos. O Oriente é o nosso centro divino, o nosso Cristo interno. O Himalaia é a nossa alma, embora ainda envolto nas nuvens da ignorância. Uma vez dissipadas essas nuvens da ignorância pelo sol da sapiência, estamos em íntima união (*yôga*) com o Infinito, o Pai; porquanto "o Pai está em vós". Se o Pai está em mim, e se eu descubro a presença do Pai em mim, então sou um perfeito *yogui*, um homem unido ao Pai, um homem divinizado.

O meu "ocidente profano" é o meu ego — o meu "oriente sagrado" é o meu Eu.

Muitos dos nossos yoguis ocidentais nada disto compreendem; reforçam cada vez mais o seu pendor *extravertido*, buscando algo fora de si, quando deveriam *introverter-se* descobrindo a verdade dentro de si mesmos. O nosso funesto *dualismo* teológico não lhes permite descobrir o grande *monismo* do Evangelho do Cristo.

"Quem tem de buscar o seu Deus de fora, e não o recebe de dentro — escreve Meister Eckhart — esse não possui, e facilmente lhe acontece algo que o desaponte."

Muitos cristãos ocidentais estão decepcionados com o cristianismo eclesiástico e lançam-se agora, sôfregos, a essa tábua de salvação que lhes vem do Oriente, que lhes parece um supercristianismo. Uma coisa, porém, é certa: enquanto esses exercícios forem apenas uma mercadoria importada de fora não têm persistência nem darão tranquilidade definitiva. Para o oriental, a experiência divina é algo natural, de dentro da alma; é a evolução gradual das suas íntimas potencialidades, e por isto encontra na contemplação mística plena e definitiva satisfação.

Enquanto o homem ocidental, desviado da verdade pelo dualismo teológico, não viver o profundo monismo da mensagem do Cristo, enquanto não viver a verdade básica do "Pai em mim", do "Eu no Pai", não poderá praticar com a mesma naturalidade e eficiência a sua *yôga*.

Somente a verdade sobre si mesmo, sobre seu eterno "EU SOU", é que o poderá libertar e tornar profundamente tranquilo e feliz, na experiência da verdade libertadora.

Imitação de Cristo ou *Bhagavad Gita*?

Que enorme diferença entre esses dois livros de fama mundial — a *Imitação de Cristo*, de Tomás Kempis; e a Sublime Canção do Oriente, a *Bhagavad Gita*! A *Imitação* procura, a todo transe, humilhar o homem, deprimi-lo, para que Deus tenha pena dele. O motivo com que ela joga é compaixão, pena, comiseração. A *Gita*, por seu turno, procura levar o homem ao conhecimento da sua verdadeira grandeza divina, a fim de superar as misérias humanas, ecoando assim a mensagem do Cristo, segundo a qual o próprio Deus habita no homem. Para o Gênesis de Moisés, homem ainda é "pó, e em pó se há de tornar" — o que é exato concernente ao ego — mas, segundo o Cristo, o homem é "luz", a mesma "luz do mundo" que o Cristo é — e isto se refere ao Eu divino-crístico do homem. A *Imitação* parece ter sido escrita no curso primário de Moisés — a *Gita* nasceu na Universidade do Cristo.

"Por Moisés foi dada a lei — pelo Cristo vieram a graça e a verdade."

Da *Imitação* sai o homem deprimido — da *Gita* sai ele sublimado.

Mas... para muitos é preferível soletrar o á-bê-cê na escola primária antes que possa compreender algo da alta sabedoria na Universidade do espírito...

O Inconsciente é o divino

A superfície consciente da nossa natureza é o nosso pequeno ego humano — as profundezas inconscientes são o nosso grande Eu divino.

A Realidade Universal é o grande Inconsciente, não o Inconsciente da vacuidade, mas o Inconsciente da plenitude. O Inconsciente da plenitude é o Oniconsciente, mas esse Oniconsciente se apresenta ao nosso ego consciente como sendo o Inconsciente. Os extremos se tocam. Quem olha para dentro da treva nada enxerga; quem olha diretamente dentro da luz solar, nada enxerga. Aquela escuridão é a ausência da luz, esta é a plenipresença da luz. Treva total e luz total são, para a nossa percepção finita, a mesma coisa — o Nada, o Vácuo, a Treva, a Ausência. Nós, os finitos, só enxergamos o Todo quando ele é reduzido a Algo, mas não o enxergamos como o Todo, que nos parece o Nada. A Luz Incolor da Realidade Total não é objeto de nossa percepção finita; só a Luz Colorida da Realidade Parcial, isto é, do Algo Finito, é que pode ser percebida por nós. Os nossos sentidos e o nosso Intelecto — o nosso ego humano — funcionam como "válvulas de redução", diz Aldous Huxley; se assim não fosse, não poderíamos existir como indivíduos. O impacto da Realidade Total nos aniquilaria, desindividualizando-nos, universalizando-nos; deixaríamos de existir finitamente, continuando a ser universalmente. Mas esse "ser universal" não sou eu, não és tu, não é nenhuma creatura finita, isto é a Realidade Infinita do puro Ser. Nós, os finitos, existimos graças à nossa finitude; existimos mercê das nossas limitações. Se não fôssemos limitados, não existiríamos como indivíduos.

Por isto, o Inconsciente do Todo, do Ser, do Infinito, é percebido por nós como um Inconsciente. O ontologicamente Inconsciente é, para nós, logicamente consciente, uma vez que "o conhecido está no cognoscente segundo o modo do cognoscente".

Quando nos abismamos em profunda contemplação espiritual, estabelecemos ponto de contato entre o nosso finito consciente e o Infinito Inconsciente. E, quando o Inconsciente do Infinito sobrepuja o nosso consciente finito, então perdemos a percepção dos sentidos e a concepção do intelecto; tudo "desmaia"[6] diante do nosso consciente, nada mais sabemos de tempo e espaço, que são criações do ego consciente, e temos a impressão de submergirmos no eterno e no infinito, que são a negação de tempo e espaço.

Quando entramos profundamente no sagrado "Aum", e quando espira a derradeira vibração sutil do "m" final, então, dizem os orientais, entramos no grande "nada",[7] que é a derrota do nosso consciente pelo Inconsciente. Estamos no *terceiro céu*, no *samadhi*, no *ekstasis* (êxtase), expressões várias para designar a absorção do consciente pelo Inconsciente.

---

[6] A palavra "desmaiar" não vem do latim. Provavelmente, os portugueses a trouxeram do Oriente, em séculos pretéritos. *Maya* é a palavra sânscrita para "natureza"; quem desmaia, perde a noção de *Maya*; está fora de tempo e espaço, ambiente da natureza perceptivo-conceptiva.

[7] Como a palavra "desmaiar", também o vocábulo "nada" não é de origem latina. Na língua sânscrita, o termo "nada" quer dizer silêncio absoluto, o Infinito, o Vácuo. Quando o homem atinge o auge da sua contemplação mística, depois de esgotar todas as vibrações do sacro trigrama "AUM", abisma-se no grandioso "Nada" do silêncio de Brahman. Esse Nada do existir é o Todo do Ser. O Nada da Imanência de Deus é o Todo da Transcendência da Divindade. Da Divindade nada pode o homem saber; de Deus ele sabe um pouco.

Totalitarismos — fruto duma falsa filosofia

Desde que Hegel estabeleceu a sua famosa trilogia do "espírito absoluto, espírito objetivo e espírito subjetivo", começaram os totalitarismos da direita e da esquerda.

Totalitarismo é a falsa ideia filosófico-psicológica de que alguma organização criada pelo *ego* seja superior à realidade do Eu; o erro de que as coisas da *personalidade* sejam mais importantes que a *individualidade*.

Consequência inevitável: o *Poder*, que é do ego, derrotando a *Verdade*, que é do Eu. Quando as violências do Poder-ego prevalecem contra as potências da Verdade-Eu — então estamos em pleno totalitarismo, seja da direita, seja da esquerda, no fundo é o mesmo erro anticósmico. Há totalitarismo *estatal*, *partidário*, *militar*, *econômico*, *industrial* — sempre baseado na ideia de que o mundo *objetivo* (ego) seja mais importante do que a realidade *subjetiva* (Eu). O erro de Hegel está em colocar o "espírito objetivo" acima do "espírito subjetivo" quando, na verdade, este está acima daquele.

Como se vê, a base do totalitarismo não é política, mas filosófica, psicológica; e por isto é inútil querer refutar o totalitarismo no campo político; ele pode ser refutado só no terreno em que nasceu. Mas como os políticos são, geralmente, fracos na filosofia, não há refutação eficiente do erro hegeliano.

Todo totalitarismo é uma aberração anticósmica, um sacrilégio que atenta contra a inviolabilidade do indivíduo humano, do Eu divino no homem, da alma, que é degradada a servir como meio de algum fim considerado superior à própria individualidade do Eu.

Neste sentido, a mensagem do Cristo é profundamente antitotalitária — ao passo que o nosso cristianismo teológico está em permanente e secreto namoro com os totalitarismos — hostilizando, por exemplo, o esquerdismo comunista — não é por incompatibilidade com o espírito totalitário, mas porque dois totalitários não se toleram no mesmo terreno. Que é, afinal de contas, o nosso cristianismo teológico? Não procura, por todos os meios, ser a *ditadura das almas*, assim como o comunismo é a *ditadura dos corpos*? Não exige de seus adeptos que creiam de olhos fechados, sem pensar, sem discutir, sem discordar? Mesmo o setor do cristianismo que proclama o "livre-exame", e aquele outro, recente, que pretende ser "não dogmático" — não acabaram todos eles em ditadura espiritual?

Onde o católico que tenha o direito de pôr em dúvida a infalibilidade pontifícia?

Onde o protestante que tenha a liberdade de duvidar da infalibilidade da Bíblia?

Onde o espírita que dê a seus irmãos a alternativa de aceitar ou não aceitar a reencarnação?

Como poderiam essas ditaduras das almas confraternizar com a ditadura dos corpos?

As ditaduras estão baseadas, todas elas, no princípio do *Poder*, que, em última análise, é violência.

A *Verdade*, porém, ignora a violência do Poder, porque nasceu da Liberdade, e culmina na Liberdade. "Conhecereis a Verdade — e a Verdade vos libertará."

O princípio hegeliano da ditadura totalitária está dominando o mundo, da direita e da esquerda, no mundo civil e religioso. Do meio desse caos totalitário emerge, sublime e silencioso, o obelisco monolítico da mensagem do Cristo, que proclama a soberania da individualidade humana sobre todas as organizações da sociedade — estatal, partidária, militar, industrial, econômica, ritual, sectária, clerical, etc.

"Que aproveita ao homem ganhar o mundo inteiro (objetos externos, ego, *persona*) — se chegar a sofrer prejuízos em sua própria alma (sujeito interno, Eu, indivíduo)?"

* * *

Mas, objetam, não é o bem social mais importante que o bem *individual*? Não deve o homem servir à sociedade; não deve o *individualismo* sujeitar-se ao *altruísmo*?

Funesta confusão de conceitos!

É nesta confusão que, de fato, se baseiam todos os totalistarismos, e até com aparências de verdade e honestidade.

Confusão entre o *ego da personalidade* e o Eu da *individualidade*.

Confusão entre aquilo que o homem *tem* e aquilo que ele *é*.

É fora de dúvida que o *ego personal* deve subordinar-se ao *nós social*.

Mas o ego não é o Eu, em sua plenitude. O Eu é, na realidade, o Universal, o Todo, o Infinito, o Absoluto — e esse Absoluto nunca pode submeter-se aos Relativos, o Infinito não é um meio para os Finitos.

Nem é verdade que todos os egos finitos perfaçam o Eu Infinito, porque todos os finitos são *quantidades*, ao passo que o Infinito é *qualidade*. Mas a qualidade não é a soma total das quantidades; é algo totalmente diverso.

"Do mundo dos fatos — diz Einstein — não há nenhum caminho para o mundo dos valores; estes vêm de outra região". Como o grande matemático acertou a verdade! Os fatos são as quantidades (o mundo inteiro) — os valores são a qualidade (a alma, o Eu). Não há caminho que, das quantidades dos fatos do ego personal, conduza ao mundo da qualidade dos valores, do Eu individual; estes valores têm de vir de outras regiões.

Os totalitários, porém, querem derivar os *valores* dos *fatos*, querem subordinar a qualidade sagrada do Eu individual (alma) às quantidades profanas do ego personal — é esta a tendência, consciente ou inconsciente, de todos os totalitários, da direita e da esquerda, da política e da teologia.

Quem subordina o "espírito subjetivo" (Eu) ao "espírito objetivo" (ego), renega a *Verdade*, proclama o *Poder*.

A Verdade é do Eu — o Poder é do ego.

Que pretendem todos os totalitários senão isto: oferecem ao homem "todos os reinos do mundo e sua glória" — mas exigem dele que "se proste em terra e adore" o ego e seus ídolos como suprema divindade do Universo.

Aquele misterioso tentador, no deserto da Judeia, poderia ser proclamado como o fundador e rei de todos os totalitarismos.

Seria de esperar que pelo menos o cristianismo fosse antitotalitário. O *nosso* cristianismo, porém, não é inimigo, e sim rival dos totalitarismos profanos. E a razão disto está no fato de o nosso cristianismo, na sua forma medieval dominante, conhecer a realidade central do homem; os teólogos de todos os matizes continuam a identificar o homem com o seu ego personal; e por isto afirmam que o homem é essencialmente mau, pecador, filho de Satanás, devendo ser "divinizado" por meio de um rito sacramental (batismo) — tudo isto em flagrante oposição à mensagem do Cristo, que ignora totalmente essa infeliz teologia. Em qualquer exame teológico dos nossos seminários eclesiásticos, o Cristo seria redondamente reprovado em teologia — como a sinagoga já o reprovou, no ano 33 da era cristã, porque a sinagoga era tão anticrística como o são as nossas teologias.

Ora, uma vez que, segundo as nossas teologias, o homem é o

seu ego, e esse ego é o princípio do mal, do pecado — é lógico, à luz dessa premissa, que o homem-ego seja mau, pecador e, como a teologia ignora o homem-Eu, não pode deixar de ser também totalitária, aguardando redenção de fora do homem, e não de dentro dele.

No tempo da sinagoga, a teologia esperava redenção pela aplicação da lei mosaica, isto é, de um fator externo — e isto é totalitarismo!

Em nossos dias, a teologia espera redenção pela aplicação de um rito sacramental, ou duma profissão de fé num fator externo — e isto também é totalitarismo!

* * *

A *yôga*, esperando redenção do Eu divino do homem, redenção de dentro, é visceralmente antitotalitária; subordinando o "espírito objetivo" ao "espírito subjetivo", o ego ao Eu — e nisto coincide com o espírito do Evangelho do Cristo.

Yôga é incompatível com a teologia eclesiástica, mas é perfeitamente compatível com a mensagem do Cristo. O Sermão do Monte, como já dissemos, é a Carta-Magna da autorredenção, não da egoredenção, mas da Cristo-redenção, que é o ponto central da *yôga*. O ego pecador é eclipsado pelo Eu redentor.

O consciente sem o ego

Para o homem ocidental, é inimaginável a existência de um "consciente" sem um ego subjacente; o "consciente parece ser um *veiculado*, e o ego é o *veículo*.

Para o homem oriental é fácil experimentar o "consciente" sem nenhum ego subjacente; para ele, o "consciente" é uma realidade autônoma, autossubsistente, repousando em sua própria identidade.

Esse "consciente" sem suporte, como se vê, é o Infinito, o Ser, o Todo, o Universal, a Essência, Brahman, a Divindade, o Absoluto e isto é o verdadeiro Eu Cósmico.

O *tu Cósmico* é a *Consciência Universal*.

Quando esse Eu Cósmico se individualiza no homem, aparece o Eu Universal como o Eu Individual; a sua forma mudou, mas a sua substância ficou a mesma. Neste sentido, Eu sou o Eu Cósmico, "Eu e o Pai somos um"...

O meu *existir individual* tem por base o *Ser Universal* — ou melhor, Eu sou o Ser Universal, em forma individual; a Essência Universal se existencializa na minha individualidade. Assim como o conteúdo duma onda do mar é o mar, embora a sua forma seja da onda, assim Eu sou o Universal Absoluto em forma individual relativa.

"Eu e o Pai somos um, mas o Pai é maior do que Eu" — nestas poucas palavras do Cristo está sintetizada toda a filosofia cósmica dos séculos e milênios. Mas como o grosso da humanidade se acha ainda no plano da evolução dualista, é impossível, para a maior parte dos homens, aceitar esse avançado monismo do Cristo e de outros mestres da humanidade.

O "consciente" sem suporte, sem veículo subjacente, é o meu EU SOU: É o *Nada Existencial*, idêntico ao *Todo Essencial*. É a morte do *ego separatista* e a vida do *Eu unitivo*. É o meu silencioso *Nirvana* que surge do seio do ruidoso *Samsara*.

Neste sentido, é o *Nirvana* a total extinção da personalidade e da definitiva ressurreição da individualidade. O indivíduo, que é a minha identidade, continua a existir integrado na Universalidade.

Esse estado *nirvânico*, esse "terceiro céu", uma vez plenamente vivido e saboreado, produz no homem tão fascinante embriaguez mística que todas as belezas e grandezas do antigo *Samsara* desmaiam e são totalmente eclipsadas, assim como a luz e as estrelas desaparecem no céu ao despontar dos fulgores solares; continuam a existir, mas são como inexistentes.

Por isto, o homem que saboreou o *Nirvana*, e depois regressa, externamente, ao *Samsara* da vida cotidiana, é incapaz de se entusiasmar realmente pelas grandiosas vacuidades de outrora, porque entrou em órbita, encontrou um centro de gravitação mais poderoso e belo. Se, por motivos externos, tem de tratar ainda das velhas profanidades, ele o faz por um senso de *dever* para com os outros, mas nunca mais por um interno *querer*.

O homem que uma vez saboreou a sacralidade da Verdade está definitivamente inutilizado para as pequenas e grandes futilidades do mundo do ego.

Entretanto, acontece esse estranho paradoxo: precisamente pelo fato de ser esse homem totalmente desapegado do *Samsara* profano por amor ao sagrado *Nirvana*, por isto mesmo exerce ele um impacto veemente e irresistível sobre o mundo das ilusões externas que superou.

Nada pode o mundo esperar de um homem que algo espera do mundo!

Tudo pode o mundo esperar de um homem que nada espera do mundo!

O homem que nada espera nem receia do mundo — nem louvores nem censuras, nem sucesso nem insucesso — esse homem é liberto — e liberdade é poder, liberdade total é onipotência.

Para ser *redentor* do mundo, deve o homem ser *redento* do mundo; o *irredento* em si mesmo não pode ser redentor para os outros; antes de ser redentor dos outros deve o homem ser redentor de si mesmo. Ninguém dá o que não tem — ou melhor, o que não é.

Quem nunca submergiu e se afogou totalmente no grande Inconsciente do Oniconsciente não tem poder sobre os pequenos Conscientes.

Quem nunca morreu não vive plenamente.

O nascimento da planta é uma consequência da morte da semente.

A morte metafísica do ego é um prelúdio necessário para a ressurreição mística do Eu...

Morrer — para viver...

Perder — para ganhar...

Renunciar — para possuir...

Alma de fora — ou alma de dentro?

O homem ocidental dificilmente se convence da realidade da alma; mesmo que a aceite, é mais uma persuasão externa do que uma convicção interna. O ocidental é tão extraverso que só pode aceitar algo como real se veio de fora, seja por doutrina humana, seja por graça divina — e, para nós, Deus está do lado de fora, uma entidade transcendente, e não uma realidade imanente.

Para nós, nada de positivo e bom vem de dentro do homem — tudo vem de fora dele; o homem é *objeto*, mas não *sujeito* de algo divino.

Por isto, parece-nos a ideologia toda introversa como algo artificialmente enxertado em nossa alma, e está sempre em perigo de se desprender, como um enxerto que não "pegou".

Só quando vivemos a profunda experiência de que nós *somos* a própria alma, então tudo muda.

Quando agimos com liberdade?

Agimos com liberdade total só quando somos autodeterminantes, quando agimos com toda a nossa alma, totalmente identificados com o nosso Eu, quando agimos com 100% daquilo que *somos*, sem nenhuma mescla daquilo que temos, fazemos ou dizemos. Geralmente, agimos com 10, 20 ou 50% do nosso ego, e apenas com uma pequena porcentagem do nosso Eu — somos parcialmente alodeterminados e parcialmente autodeterminantes.

Geralmente, somos tanto mais livres quanto menos agimos pelas razões conscientes do ego, e tanto mais pela razão inconsciente do Eu. Somos livres em nosso centro, somos escravos em nossas periferias; livres no sujeito, escravos pelos objetos.

A razão (Eu) tem razões de que o intelecto nada sabe — e então somos realmente livres. O ego personal é o alodeterminado, não totalmente, mas de prevalência.

O Eu individual é autodeterminante, por vezes sua totalidade.

Na verdadeira liberdade age a intuição direta do Eu central — e não agem as análises indiretas do ego periférico.

O Eu é plenissábio — o ego é semissábio e semi-ignorante.

O ego peca — o Eu redime do pecado.

O ego é Lúcifer — o Eu é *Logos*.

Realmente livre só é o ato do qual o Eu tem a exclusiva paternidade, ato emanado do Eu, só do Eu, todo do Eu.

A relação entre o Eu e o ato livre não é definível em termos de causalidade alodeterminista, mas só como creatividade autodeterminante.

Causalidade — liberdade

Causalidade é necessidade, alodeterminismo, onde há repetição, equivalência, homogeneidade. Vai de finito a finito. É produção.

Liberdade é espontaneidade, autodeterminação, onde há novidade, creatividade, heterogeneidade. Vai do Infinito ao finito. É a creação.

Causalidade é continuação, cadeia com elos concatenados — liberdade é novo início, elo isolado, não preso no passado nem no futuro —, é o *aqui e o agora* em sua plenitude.

Bergson distingue entre "causalidade mecânica" (fora) e "causalidade dinâmica" (dentro); desta eu sou o sujeito e o autor, daquela eu sou apenas objeto.

Sincero — "sine cera"

A palavra sincero é derivada de *sine cera* (sem cera). Em grego, *eilikrinés*, de *eile*, calor ou fulgor solar, e *krinés*, testado. Literalmente "testado pelo sol".

Os antigos gregos e romanos fabricavam vasos de cerâmica e porcelana finíssima; mas alguns vasos rachavam ao calor do forno; mercadores desonestos tapavam as rachas com cera branca, invisível, da cor do vaso. Somente quando exposto ao calor solar, no mercado, o vaso revelava ser remendado com cera. Por isto os mercadores honestos marcavam os seus produtos com a palavra *sine cera* (sem cera), em grego *eilikrinés* (à prova de sol).

Daí, *sincero*: o que não foi falsificado.

Ignorância da natureza humana — fonte de todos os desvarios

Em páginas anteriores focalizamos os totalitarismos, da direita e da esquerda, que nasceram, todos eles, da ignorância da verdadeira natureza humana. Deste mal sabiam os filósofos da Grécia, quando mandaram gravar no frontispício do santuário de Delfos o célebre imperativo: "Homem, conhece-te a ti mesmo!" Mas o homem continua a se desconhecer — o homem, esse desconhecido. Todas as nossas teologias cristãs, ou pseudocristãs, pecam pela mesma ignorância. Por que é que as igrejas declaram o homem *pecador*, essencialmente mau e "filho da ira divina"? Se esta maldade se referisse apenas ao homem adulto, poderíamos compreendê-la, mas em nossas teologias, ela concerne à criança recém-nascida, e até à criança nascitura, apenas concebida.

Esse erro universal das nossas teologias provém da ignorância universal da natureza humana; porquanto todas as nossas teologias radicam na Idade Média, quando o homem não tinha ideia exata nem sobre o Universo, nem sobre o homem. O nosso mundo externo era *geocêntrico* (terra-centro); o homem era *egocêntrico* — e até hoje predomina nas igrejas o erro do *egocentrismo*. Estranhamente, os dois vocábulos *geo* e *ego* têm as mesmas letras, apenas em ordem diferente. As teologias aceitaram, geralmente, o *heliocentrismo* (sol-centro) em vez do geocentrismo — mas recusam-se a aceitar o *logocentrismo* (Eu-centro) em vez do egocentrismo. O Eu divino no homem, o seu Cristo interno, é o Logos, a Razão, o Espírito. Se as teologias se converterem do velho egocentrismo para o logocentrismo do homem, haverá radical transformação na estrutura básica do nosso cristianismo teológico; abraçaremos a mensagem do Cristo, que é essencialmente logocêntrica — "Eu e o Pai somos um... o Pai está em mim... o Pai também está em vós... vós sois a luz do mundo... vós sois deuses" — tudo isto revela puro logocentrismo, cristocentrismo, teocentrismo.

Se as nossas teologias estivessem mais interessadas na Verdade do que no Poder, desde há muito teriam abandonado o egocentrismo pelo logocentrismo.

Mas as teologias são produto do homem-ego, que não pode deixar de ser egoísta, e todo egoísta sacrifica a Verdade pelo Poder.

O retorno do nosso cristianismo teológico à mensagem do Cristo é, pois, uma questão da vitória da Verdade sobre o Poder, da individualidade espiritual do homem sobre a sua personalidade intelectual, o triunfo do Eu divino sobre o ego humano. As nossas igrejas são do partido do ego, e não do Eu; alistaram-se no exército do Tentador — "Eu te darei todos os reinos do mundo e sua glória" — e apostataram a causa sagrada do Tentado — "o meu reino não é deste mundo... eu sou o rei da Verdade"...

As nossas teologias encolhem os ombros e perguntam com Pilatos *quid est veritas*? — e ficam devendo resposta a essa pergunta magna... E repetem, com Pilatos: "não sabes que eu tenho o poder?"

Vertical transbordando em horizontal

Toda a genuína *verticalidade* produz espontaneamente verdadeira *horizontalidade*; mas, quando falta aquela, acaba esta em mero *horizontalismo*.

Em termos menos geométricos: onde há genuína experiência mística nasceu uma *ética* sólida; mas, quando falta a mística ou quando degenerou em misticismo, então a ética acaba em mero eticismo, num moralismo puramente convencional.

É o mal da nossa humanidade moderna: faltam indivíduos que tenham contato real e consciente com o Infinito, e por isto nada de grande acontece na zona dos Finitos. Os mais belos canais não veiculam águas se lhes faltar a fonte.

O *mais* garante o *menos*, mas este não tem consistência sem aquele.

O tronco vertical sustenta a trave horizontal, mas se faltar aquele, quem sustentará esta?

Ama — et fac quod vis! — escreveu Agostinho. Ama — e faze o que quiseres! Poucos dos seus discípulos alcançam o sentido profundo destas palavras; alguns chegam a ponto de pervertê-las totalmente, tirando delas consequências diametralmente opostas, afirmando que tudo é lícito e bom, contanto que tenha por base o amor, que uma atitude de amor santifica todos os atos externos. Mas o que eles entendem por amor é aquele egoísmo a dois, o sensualismo, a libido que os romances profanos chamam amor, e que justificaria todos os pecados.

Quem de fato ama, entrou na zona central do "primeiro e maior dos mandamentos", e de dentro desta verdade e pureza não pode praticar atos maus, porquanto "*agere sequitur esse*" (o agir segue ao ser). Se o homem é todo amor no seu íntimo Ser, todos os atos de seu externo agir só podem ser o transbordamento da sua pura interioridade.

"Toda árvore boa produz frutos bons — não pode a árvore boa produzir frutos maus..."

Ética pré-mística — ética pós-mística

No início da jornada ascensional do homem está o "caminho estreito e a porta apertada" — e no fim está o "jugo suave e o peso leve".

Estas duas expressões do divino Mestre são aparentemente contraditórias — nas verdades, porém, são complementares.

Todo homem resolvido a fazer a jornada ascensional do espírito verifica que esse caminho é sacrificial, doloroso, sangrento; experimenta em seu velho ego que "o reino dos céus é alvo de violência, e que somente os violentos o tomam de assalto".

Outrora, essa "violência" era dirigida contra os outros, como é de uso e abuso de todo ego; agora essa "violência" é dirigida contra o próprio ego.

É esse o estágio pré-místico do homem em evolução ascensional. O homem de boa vontade, e ainda sem a devida compreensão, sofre a sua bondade e virtuosidade.

Mas se conseguir escalar o Everest do seu sagrado Himalaia e entrar na luz plena da experiência mística, se estabelecer contato com o Infinito, e depois regressar ao mundo das coisas finitas, verificará que esse ingresso no santuário da experiência mística produziu nele uma estranha alquimia — o "caminho estreito e a porta apertada" do seu dever compulsório de ontem se transformaram no "jugo suave" e no "peso leve" do querer espontâneo de hoje. A disciplina ética continua a ser a mesma; o dever não mudou — mas o modo como o homem místico enfrenta e pratica essa disciplina do seu dever, esse mudou totalmente. O lúgubre "tu deves" assumiu o aspecto de um sorridente "eu quero". Amar os inimigos, fazer bem aos que nos fazem mal, e os demais preceitos do Sermão do Monte — que sacrifício sangrento lhe parecia tudo isto! O homem pré-místico, quando consegue praticar esses horrores, só o pratica como exceção da regra, nunca como regra geral; e essas exceções logo o enchem de uma consciência de heroísmo extraordinário, de virtuosismo moral, que reclama como compensação algum prêmio, alguma recompensa, se não na vida presente, pelo menos na vida futura.

Mas agora, após a submersão no oceano divino da experiência mística, aquele atos se lhe tornaram atitude normal e jubilosa. Após o ocaso do *dever compulsório* amanheceu a alvorada do *querer espontâneo* — e isto é redenção, redenção mesmo na vida presente, entrada no reino dos céus, aqui e agora.

Donde vem essa grande diferença?

Que aconteceu entre aquele *dever doloroso* e esse *querer gozoso*?

Aconteceu a maior coisa que acontecer pode ao homem — *compreensão*!

Compreensão de quê?

Compreensão de si mesmo!

Esse homem compreendeu a verdade sobre si mesmo, e essa verdade o libertou. Libertou-o não só da inverdade, mas também do sacrificialismo da própria verdade ainda incompreendida.

O velho "eu sou o meu ego" se converteu na nova verdade "eu sou o meu Eu". A ego-ilusão passou a ser autocompreensão.

E como a verdade é essencialmente libertadora, essa verdade sobre si mesmo libertou o homem não do dever, do qual ninguém pode ser liberto, mas da *dolorosidade do dever*, do caráter sacrificial "tu deves".

A lei mosaica "tu deves", "tu não deves", que caracteriza o decálogo, cedeu à compreensão crística "eu quero", que é do Evangelho.

A *compulsão* foi substituída pela *compreensão*.

"Por Moisés foi dada a lei — pelo Cristo veio a verdade, veio a graça."

A ignorância é compatível com o sacrifício — a sapiência ignora o sacrifício.

A ética pré-mística é *virtude* — a ética pós-mística é *sabedoria*.

O Cristianismo, na sua zona mais elevada, é sabedoria e espontânea facilidade — nos seus estágios inferiores é virtude e dificuldade.

A virtude é o *reto querer* — a sabedoria é o *reto compreender*.

O profano não cumpre o seu dever.

O virtuoso cumpre o seu dever com sacrifício.

O sábio cumpre o seu dever com júbilo.

A sabedoria, sendo o *mais*, inclui o *menos*, que é a virtude.

As nossas teologias insistem em que o homem seja virtuoso, ético, bom, custe o que custar — a filosofia cósmica mostra ao homem o caminho para ser sábio, perfeito, feliz.

Quando todo o nosso *dever* passar para *querer*, e quando todo o nosso querer nascer do *compreender* — então será proclamado o reino de Deus sobre a face da terra...

Então haverá um novo céu e uma nova terra...

Transmentalizai-vos!

É esta uma das palavras mais maravilhosas do Evangelho, no texto grego do primeiro século.

"*Metanoeite!*" — transmentalizai-vos!... É o que João, o Mergulhador, bradava, em equivalente aramaico, às turbas nas margens do Jordão.

"*Metanoeite!*" — transmentalizai-*vos!...*, *metánoia*, palavra composta do prefixo *metá* (além, trans) e *nous* (mente), significando literalmente *além-mente*, ou seja, transmentalizai-vos, ultrapassai a vossa mente atual e entrai em um novo espírito. Despojai-vos do velho ego e revesti-vos do novo Eu!

Esse processo interno e externo de *metánoia* ou *transmentalização* se chama, em latim, *conversio*, derivada de *convertere*.

Converter é o contrário de *averter*. Quando o homem-ego se averte de Deus torna-se pecador, avertido, averso, de costas voltadas para Deus; quando dá meia-volta e o homem-Eu se converte a Deus, de rosto voltado para Deus, então se torna justo, remido, santo.

Certas traduções do *Evangelho* reproduzem o *metanoeite* por "fazei penitência"; outras preferem dizer "arrependei-vos". Nenhuma dessas traduções é plenamente equivalente ao texto grego. Pode o homem fazer quanta penitência ou mortificação quiser; pode até arrepender-se dos seus pecados, e não se converter, como fez Judas Iscariotes, que de tão arrependido fez a maior das penitências, cometendo suicídio — e, no entanto, não consta que se tenha convertido.

Converter-se é detestar o mal que se fez e fazer o bem que não se fez.

É *metánoia*, transmentalização total.

Morte física — morte metafísica

Uma das palavras mais enigmáticas do Cristo é a seguinte: "Não temais aquele que mata o corpo — temei aquele que pode também matar a alma".

Quem é que mata o corpo, isto é, o corpo físico do homem? É um acidente, um assassino, uma doença, a velhice.

Quem pode matar a alma, isto é, o próprio indivíduo, o Eu central do homem? Somente o próprio homem, se pecar contra o espírito santo (universal) e assim se tornar réu de pecado eterno.

Circunstâncias externas podem matar o corpo material — somente o próprio homem pode matar a sua substância imaterial.

A morte física é uma pseudomorte temporária — a morte metafísica é uma morte real, eterna. Quem morre fisicamente continua a viver; quem morre, ou se suicida metafisicamente, aniquila a sua própria individualidade, volta do algo para o nada do *existir*, embora viva no Todo do *Ser*. Mas esse Todo do Ser Universal não sou eu, não és tu, não é nenhum indivíduo humano, mas é a Realidade Universal, que não pode deixar de ser, mas eu posso deixar de existir.

Essa morte do indivíduo só pode ser provocada pelo livre-arbítrio do homem, essa onipotência para o bem e para o mal, para a vida eterna e para a morte eterna.

Somente o Infinito é atualmente imortal.

Qualquer Finito é mortal por sua natureza.

Mas quando um Finito adquire alto grau de consciência espiritual ("renascimento pelo espírito") imortaliza-se por participação ou integração no Infinito Imortal. Mas se deixa de se integrar no Infinito, desintegra-se, e esta desintegração é a destruição do indivíduo.

Nada se perde do espírito da Divindade; desaparece apenas uma forma individual da Realidade Universal; recai uma onda ao seio do mar, mas o mar não sofre diminuição com essa morte da onda, como não sofreu aumento com o seu nascimento.[8]

---

[8] Um tabelião no estado do Espírito Santo, tendo lido pensamentos similares no meu livro *A grande libertação*, exprime o receio de que, se as centelhas divinas das almas humanas não regressarem à Divindade, mas se extinguirem, seja gradualmente diminuída e até extinta, a Fonte Divina donde elas emanaram.

Esse receio está baseado no velho equívoco de que a alma humana (o Eu divino) seja uma "parcela" ou "centelha" da Divindade. É permitido aos poetas e oradores usarem essas expressões — mas é proibido ao pensador filosófico. Nenhum Finito é parcela ou centelha do Infinito; os Finitos são manifestações da divindade — assim como o pensamento é uma manifestação do pensador. Os Finitos não são novas substâncias ou realidades: são aspectos existenciais da Essência Única; são formas imanentes do grande Trancendente; são como ondas na superfície do Mar; essas ondas, quando surgem, não adicionam nova realidade ao Mar e quando submergem no oceano não lhe subtraem nenhuma realidade substancial.

A alma humana, quando, por decisão própria, se desintegra como individualidade existencial, segue o mesmo curso que todos os outros seres da natureza seguem, quando "morrem": a sua individualidade existencial se dissolve na Universalidade Essencial, donde vieram. Essa Essência Universal é quantidade dimensional que possa sofrer aumento ou diminuição; o Infinito quando se revela em Finitos não cresce, e o Infinito, quando reabsorve em si os Finitos, não decresce.

A única diferença entre o indivíduo hominal e os outros indivíduos infra-hominais (minerais, vegetais, animais) está em que estes não podem perpetuar a sua individualidade e por isto, quando morrem, se dissolvem no todo Universal, sem débito (culpa, *karma*) — ao passo que o indivíduo hominal, mercê do seu consciente, pode perpetuar sua individualidade; e quem pode deve, e, podendo e devendo e não fazendo, cria débito (culpa, *karma*). Mas a culpa livremente cometida acarreta pena necessariamente

Eu, portanto, sou imortalizável, isto é, *potencialidade imortal*.

Ora, se eu sou imortalizável, tenho o dever de me imortalizar. Toda a potência reclama ato. Onde há um *poder* há um *dever*; e se o meu *poder potencial* se converter em *dever*, crio débito, culpa (*karma*).

* * *

Segundo a eterna matemática da Constituição Cósmica do Universo, todo *poder* exige *fazer*, quem pode deve; e quem pode e deve e não faz, cria débito, culpabilidade. E toda a culpa livremente cometida acarreta pena necessariamente consequente. A pena, ou o sofrimento, é a sanção, a reação necessária da lei cósmica contra uma culpa livremente cometida.

Eu sou *livremente pecador*, mas sou *necessariamente sofredor*.

Eu sou pecador porque *quero*— eu sou sofredor porque *devo*.

A culpa é *minha* — a pena vem do *cosmos*.

Uma vez posta a culpa, e não revogada, segue-se inevitavelmente a pena.

Se assim não fosse, o cosmos poderia ser reduzido a um caos, a ordem acabaria em desordem, porque o livre-arbítrio é uma espécie de onipotência, que pode voltar-se contra as potências do Universo e destruí-las — o que evita essa destruição do cosmos pelo pecador é o sofrimento, pelo qual o cosmos garante a integridade e estabilidade da sua ordem e equilíbrio. Se houvesse culpa sem pena, poderia o cosmos ser destruído pelo pecador dotado de livre-arbítrio. Somente um livre-arbítrio equilibrado pelo sofrimento é que deixa de ser uma potência anticósmica.

---

subsequente. Se essa culpa não for neutralizada acarreta, no termo do ciclo evolutivo (*aion*, eternidade), a desintegração do indivíduo, que não se integrou no Todo Universal (Divindade).

O período que precede a essa desintegração final ("morte eterna") chama-se "inferno", isto é, período de inferiorização, involução. É enorme, no meio lógico, a confusão entre "morte eterna" e "inferno". Se há uma morte eterna, isto é, definitiva, como poderia haver ainda um sofrimento eterno? Como poderia um indivíduo metafisicamente morto, desintegrado, continuar a sofrer?...

Se o indivíduo consciente e livre pode criar sua vida eterna, é perfeitamente lógico que possa criar também a sua morte eterna. O Finito que não se integra no Infinito se desintegra — isto é lei cósmica.

Estranhamente, porém, não coincidem a cessação da pena com a cessação da culpa; o sofrimento continua, não raro, mesmo depois da extinção da culpa, assim como as águas do mar continuam agitadas ainda depois de cessar a tempestade. É que o homem individual não sofre apenas a sua culpa individual — cada um sofre a culpa da humanidade total. A solidariedade no mal é tão real como a solidariedade no bem. Enquanto houver homens culpados, não deixam os não culpados de sofrer as penas dos culpados.

Eu sou responsável pela humanidade — a humanidade é responsável por mim.

O homem liberto de culpa própria pode sofrer as penas dos outros, ainda não libertos das suas culpas. Há um débito coletivo. E todo homem sem débito próprio participa do pagamento dos débitos alheios. É uma tarefa gloriosa, embora dolorosa. Infeliz do homem que ainda tem de sofrer por seus débitos próprios! Feliz do homem que já não tem de sofrer por seus débitos próprios e pode sofrer por débitos alheios! É ele um grande benfeitor da humanidade, embora talvez totalmente desconhecido dos sofredores culpados. Quando o "filho de mulher" passa então a ser "filho do homem" cessa o sofrimento compulsório, porque esse homem é plenamente liberto não só da *culpa própria*, mas também das *penas alheias*. E, a partir desse momento feliz, pode o homem sofrer *livremente*, se assim quiser. E esse seu sofrimento livre exerce um impacto muito mais poderoso sobre a humanidade culpada e sofredora do que o sofrimento compulsório dos outros sofredores.

Mas... aqui principiam as grandes trevas para os que não ingressaram ainda na luz da iniciação espiritual...

Renuncia à renúncia!

Um homem tinha um espinho cravado num pé; lançou mão de outro espinho e com ele extraiu o espinho do pé; depois lançou fora também este espinho.

Assim deve o homem *teleios*, o homem que demanda a libertação suprema: deve renunciar, e renunciar à própria renúncia.

Quem não renuncia à própria renúncia pode ser um semiliberto — mas não um pleniliberto.

Renuncia a este mundo aqui na terra!

Renuncia ao outro mundo no céu!

Renúncia à esperança de seres premiado!

Renuncia ao medo de seres punido!

Renuncia à consciência de seres um super-homem por seres bom!

E, por fim, renuncia a todas as tuas renúncias — para seres plenamente liberto pela verdade.

Para além do egoísmo e do altruísmo

A nossa egoidade quase sempre acaba em egoísmo.

O nosso egoísmo acaba em altruísmo.

Algum dia, o altruísmo te libertará do egoísmo — mas quem te libertará do altruísmo, que é a forma mais sutil do egoísmo?

Por que és altruísta? Não é para mereceres um céu no além? Sacrificas os céus do aquém para receberes um céu no além — e não compreendes, ó homem, que isto é trocar o egoísmo terrestre pelo egoísmo celeste?

Até quando te enganas a ti mesmo, sendo assim *condicionalmente* bom? Quando começarás a ser *incondicionalmente* bom?

O egoísmo celeste é a quintessência de todas as teologias "cristãs" do Ocidente. E é precisamente este a última razão da ineficiência do nosso cristianismo teológico. Trocamos um egoísmo manifesto e pecador por um egoísmo disfarçado e virtuoso. Temos de ser bons, praticar boas obras, a fim de ganharmos o céu, entendendo por céu um belo lugar que nos será dado como recompensa das nossas boas obras — quando os grandes iluminados entendem por céu um estado interno de consciência em perfeita harmonia com o Infinito, sem nenhuma especulação mercenária sobre recompensas externas.

"Quando tiverdes feito tudo que devíeis fazer, dizei: Somos servos inúteis; cumprimos a nossa obrigação — nenhuma recompensa merecemos por isto" (Evangelho do Cristo).

"Homem, trabalha intensamente — e renuncia a cada passo aos frutos do teu trabalho" (*Bhagavad Gita* do Oriente).

Beatitude cósmica

Poucos homens gozam uma beatitude genuína, pura, universal, uma delícia cósmica, porque não conseguem largar totalmente os estreitos litorais do *apego* e perder-se no vasto oceano de um *desapego* total e incondicional. A sua consciente vontade *doadora* é sempre contagiada pelo inconsciente instinto *recebedor*. Querem dar doadores a 50%, 80%, 90%, mas nunca a 100%; guardam para o seu avaro e perverso ego uma certa porcentagem, mesmo que seja apenas 10% ou 1%; e assim o seu espírito doador não chega ser total. São *altruístas*, mas não conseguem ser *universalistas*.

E isto, por quê?

Não têm ainda a experiência total e absoluta da verdade sobre o seu Eu divino, onipotente, esse Eu que tem tudo e não necessita de nada. O ego, por ser fraco e necessitado, sempre especula por alguma recompensa, precisamente por ser um necessitado, pobre, indiferente. Quem deseja ser recompensado por suas bondades é um egoísta mercenário; quem deseja ser compensado prova que é incompleto; quem deseja ser pensado, mostra que está doente, ferido e necessita de alguém ou de algo que lhe pense as chagas.

Estranhamente, o nosso termo "pensar" se refere tanto a um processo mental como a um processo corporal; tanto o ego mental como também o ego corporal deve ser "pensado", porque nenhum deles representa a saúde perfeita.

Quando o homem consegue despojar-se 100% de qualquer desejo de receber, mas só pensa em doar e se doar, então adquire ele saúde perfeita e força integral — e isto é amor genuíno.

Todas as tragédias conjugais nascem desse desamor ou pseudo-amor.

Deus dá tudo e não recebe nada — e todo homem é tanto mais divino quanto mais dá e quanto menos quer receber.

Querer-receber denota doença, fraqueza.

Querer-dar indica saúde e força.

O recebedor é um indigente, um necessitado — o doador é um rico, um milionário.

Entretanto, a Constituição Cósmica do Universo é de tal natureza que o doador total e incondicional é sempre um grande recebedor, queira ou não queira, saiba ou não saiba.

No plano material, dar quer dizer perder — no plano espiritual, dar quer dizer ganhar e possuir mais firmemente aquilo que se dá.

Dar ou doar não se refere, primariamente, ao *objeto* que é dado, mas, sim, ao *sujeito* que dá; refere-se à disposição interna com que o doador dá o que tem e dá o que é. O doador é a medida da doação. O objeto dado reveste as auras e os fluidos do sujeito doador. Não é muito importante o *que* se dá — importantíssimo é *como* se dá. Um objeto dado de má vontade está impregnado dos fluidos negativos do doador, e só pode causar malefícios ao recebedor.

O objeto dado é algo *quantitativo*, neutro, incolor — mas o sujeito doador é algo *qualitativo*, positivo ou negativo, que dá cor ao objeto incolor. O doador imanta das suas auras positivas ou dos seus fluidos negativos o objeto dado. E se o recebedor desse objeto tiver alegria para essas auras ou esses fluidos, será beneficiado ou maleficiado por esses elementos pessoais de que está impregnado o objeto impessoal.

O objeto doado é valorizado ou desvalorizado pelo sujeito doador.

"Há mais felicidade em dar do que em receber."

"Deus ama a quem dá com alegria."

Aquele vintenzinho da viúva do Evangelho tinha mais qualidade positiva, mais valor qualitativo, do que todo o dinheiro dos outros doadores, cujas doações eram apenas quantitativas, neutras, ou até negativas.

Quem espera receber algo da natureza ou da humanidade é o ego humano, e não o Eu divino, porque este só recebe de Deus, do Infinito, a fim de o distribuir no plano dos Finitos. O homem tem, aqui na terra, a missão de receber do Infinito e distribuir no Finito. Receber na *vertical*, e distribuir na *horizontal*.

O receber do Infinito e o querer-dar no Finito é a própria natureza do Universo essência-existência. O Infinito, sendo absoluta Plenitude, não pode receber, porque tudo tem e tudo é; mas a sua natureza se revela num incessante dar, num fluir rumo aos Finitos. Por isto, todo homem, quanto mais próximo está do Infinito, mais quer dar, e tanto menos deseja receber. E, segundo a Lei eterna, quanto mais liberalmente o homem dá aos Finitos, tanto mais abundantemente recebe do Infinito.

Deus é 100% doador e 0% recebedor; quanto mais o homem desperta em si a consciência divina — "eu e o Pai somos um" — tanto mais é o doador e tanto menos o recebedor. Onde há abundância e plenitude, aí há irresistível transbordamento do Infinito rumo aos Finitos.

Se o sol não fosse plenitude de luz, não poderia iluminar os espaços cósmicos.

Se o mar não fosse plenitude de águas, não poderia inundar a terra, em forma de chuvas benéficas, distribuindo o seu conteúdo a todas as creaturas.

Quanto maior é o Ser do homem, tanto menor é o seu desejo de *Ter*.

A mania de querer-ter nasce da pobreza do Ser.

Quem é *Alguém* pela plenitude do Ser, de poucos *Algos* necessita para ter o suficiente.

Os que hipertrofiam os *Algos* atrofiam o *Alguém* — e, por fim, o Alguém definha e morre, asfixiado pelos Algos.

Quando o Ser-Alguém sobe ao zênite da sua potência, então o *Ter-Ego* desce ao nadir da sua impotência.

O pouquíssimo que Mahatma Gandhi deixou após a sua morte, prova o muitíssimo que ele era em vida.

Quando Jesus deu o derradeiro suspiro na cruz não tinha mais nada, nem sequer as roupas do corpo, que já andavam nas mãos dos soldados romanos; e, antes de morrer, se desfez dos dois tesouros vivos que ainda possuía, sua mãe e seu discípulo amado — "Eis aí teu filho — eis aí tua mãe!"...

E assim plenamente liberto das coisas do ego humano, podia o seu Eu divino voar livremente ao Infinito — "Pai em tuas mãos entrego o meu espírito..."

Pode-se dizer, em resumo, que toda a grandeza do homem consiste no grau do desapego voluntário de todas as coisas do ego, porque, segundo uma Lei eterna, *a afluência da plenitude é diretamente proporcional à existência da vacuidade: o grau da presença corresponde ao grau da ausência*.

A vacuidade, a ausência de apego, deve ser produzida pelo livre-arbítrio do homem; a plenitude, a presença da riqueza, é realizada pela Lei Cósmica, pelo Infinito; pela Divindade.

Se o homem conseguisse 100% de desapego voluntário, pelo Ser-Alguém, o Ter-Algo seria tão abundante na humanidade que o reino dos céus seria proclamado sobre a face da terra, aqui e agora.

E a Beatitude Cósmica seria gozada por todos os habitantes do globo.

O sacramento do silêncio

O que eu possa dizer a Deus ou de Deus não é importante — importantíssimo é aquilo que Deus pode dizer a mim. E Deus dirá coisa importante a mim, se eu crear em mim ambiente propício para ouvi-lo.

Mas, para que Deus possa falar, eu devo calar.

Deus não me fala se eu não me calar.

O silêncio do ego provoca o verbo de Deus.

A minha ruidosa ignorância afugenta a silenciosa sapiência de Deus.

O meu ruído é estéril, o silêncio de Deus é fecundo.

Quem fala esteriliza a mente.

Quem pensa esteriliza a alma.

Quem não fala nem pensa, fertiliza a alma.

Para além de palavras e pensamentos começa a consciência espiritual.

É necessário, primeiro, pensar mentalmente depois conscientizar espiritualmente — e jorra pa dentro de mim a plenitude da Realidade Divina.

O sacramento do silêncio e da solitude produz a consciência espiritual.

Muitos sabem falar eloquentemente.

Alguns sabem pensar corretamente.

Poucos sabem silenciar dinamicamente.

Mas... o silêncio é a agonia do ego. E, por isto, os ególatras têm horror ao silêncio, porque têm horror ao egocídio — prelúdio para a ressurreição do Eu crístico no homem.

Para quem viveu do barulho 30, 50, 80 anos, se afoga no mar do silêncio. E, por isto, tenta agarrar-se a qualquer tábua de salvação.

O ambiente vital do ego é ruído, seja material, seja mental, seja emocional — o ego não vive sem ruídos e barulhos de toda a espécie. Quando então lhe falta esse indispensável elemento vital, sente-se o ego como que sem ar, sem alimento e, se não consegue adaptar-se ao ambiente do silêncio, acaba morrendo de asfixia ou inanição.

Nosso cérebro

A ciência demonstrou que o cérebro humano contém 9 milhões de células nervosas localizadas na substância cinzenta do *córtex*, e cada uma dessas células tem um nervo de transmissão. A soma total desses nervos, alinhados, daria um comprimento de uns 500 mil quilômetros, isto é, cerca da distância terra-lua.

Acham os materialistas que esse cérebro material seja o órgão do pensamento e que, faltando esse órgão, o homem seja incapaz de pensar.

Entretanto, foi experimentalmente provado que o cérebro material não é o órgão do pensamento; o que serve de base ao pensamento é algum cérebro imaterial, alguma vibração, algum "campo de forças" muito mais sutil.

O Deus-monstro

A mais monstruosa blasfêmia que as igrejas cristãs estão cometendo, há séculos, é a afirmação de que os males da humanidade são a expressão da vontade de Deus.

Fulano morreu de um acidente... de câncer... paralisia infantil...

"Paciência! foi a vontade de Deus..."

Uma criança inocente nasceu cega, surda, muda, deformada, idiota...

"Seja feita a vontade de Deus!..."

Se assim fosse, que sentido teria a petição ensinada pelo Cristo: "Pai, seja feita a tua vontade assim na terra como nos céus"?! Nos céus, a vontade do Pai é feita com perfeita saúde, alegria e felicidade, sem sofrimento nem lágrimas — e por que ela não é feita assim também aqui na terra? Impossível? Então por que essa petição, se o seu conteúdo é irrealizável?

Evidentemente, o Cristo admite a possibilidade de cumprir o homem, aqui na terra, a vontade de Deus com perfeita saúde e felicidade; se assim não está acontecendo, não é por culpa de Deus, nem porque Deus tenha mudado, ou porque não queira os mesmos bens para todos os seus filhos. A diferença vem da humanidade — não necessariamente do homem individual que sofre o mal, mas da humanidade, da consciência coletiva, que o Cristo chama "o príncipe deste mundo", "o príncipe das trevas", "esta é a vossa hora e o poder das trevas".

Goldsmith, no seu livro *A arte de curar*, desenvolve maravilhosamente este tema: Os nossos males não vêm de Deus, nem sempre vêm do indivíduo A, B ou C, que sofre, mas vêm da humanidade como de um todo orgânico, cuja solidariedade se manifesta tão bem no mal como no bem. Mas, como até o presente dia, prevalece na humanidade a mentalidade luciférica do ego, e não a espiritualidade crística do Eu, o ambiente geral é de sofrimento.

O sofrimento vem do ego pecador coletivo, da sua tendência separatista, como Moisés fez ver no *Gênesis*, e Gautama Buda explanou nas *Quatro verdades nobres* da sua profunda filosofia.

Essa mentalidade-ego é *satã* (adversário), *diabo* (opositor), na linguagem do Cristo. Simão Pedro opondo-se à ideia do sofrimento voluntário de Jesus, dominado pelo ego, é chamado "satã". Judas Iscariotes, que ia trair o seu Mestre, sob o signo do ego, é apelidado de "diabo"; tanto este como aquele agem em nome do "príncipe deste mundo", da consciência coletiva da egoidade humana, que não pode deixar de ser egoísta.

Quando se refere àquela mulher que, havia dezoito anos, sofria duma espinha encurvada, afirma o Evangelho que "Satanás a mantinha presa a esse estado".

Quando o povo tenta deter Jesus, declara ele que deve destruir também nas outras cidades da Galileia "as obras de Satanás", referindo-se aos males dos homens, doenças e pecados, que nascem da mesma fonte do ego coletivo.

Estamos habituados a glorificar a cruz como símbolo sagrado; entretanto, a cruz foi fabricada pelos pecadores, e não por Deus. O que é glorioso é a atitude de Jesus em face da cruz dos pecadores; mas gloriosa não é a cruz em si mesma, como produto do pecado. A *cruz telúrica*, do Calvário, é a quintessência do pecado — "maldito seja quem pende do madeiro"! — somente a *cruz cósmica*, dos céus, é que é gloriosa, porque é a superação daquela, símbolo de suprema libertação. A cruz-telúrica, com o pé mais comprido, ainda preso à terra, é sinal de sofrimento, que nasceu da culpa dos pecadores — a cruz cósmica, com as quatro pontas iguais, livremente suspensa no espaço, é o símbolo da libertação da glória e da vida eterna.

Muitas pessoas cristãs costumam usar como adorno uma cruzinha de ouro ou outro material — quase sempre a cruz do Calvário, emblema de sofrimento, da pena causada pela culpa da humanidade. Será que essas pessoas se dão conta do que fazem?...

Gênio não funda sociedade

Nenhum gênio verdadeiro funda uma sociedade, uma igreja, um grupo, uma organização qualquer, para garantir a vitória das suas palavras e experiências; o gênio sabe que a Verdade é imortal em si mesma, e não necessita de escoras e muletas para sobreviver; sabe que "as potências do inferno não prevalecerão contra ela".

Se um gênio fundasse uma igreja, uma sociedade, seria o limite da sua genialidade e grandeza; seria o mesmo que querer encaixotar luz solar, engarrafar vida, carimbar espírito.

O talento, sim, funda sociedades, precisamente por ser talento, e não gênio.

Quando Tomás de Aquino tentou provar, com imensa erudição mental, que Jesus fundou a igreja, "a mais perfeita das sociedades", reduziu ele o maior dos gênios cósmicos a um talento humano, a um hábil codificador de preceitos e proibições.

Inácio de Loyola recusou-se, por muito tempo, a elaborar uma constituição para a recém-chegada Ordem dos Jesuítas, porque, após um ano de silêncio auscultativo com Deus, na gruta de Manresa, achava ele que a experiência mística do amor universal suficiente para garantir a vida e prosperidade de sua Ordem. Sentia ainda como gênio espiritual, e não ainda como talento mental. Mas onde há muitos egos humanos a serem mantidos em certa harmonia (pelo menos externa e mecânica), aí não basta a genialidade do Eu divino; é necessária a habilidade do talento humano, de legisladores e codificadores, a promulgarem os ominosos "tu deves" sobre as ruínas do glorioso "eu quero", como desenvolvi no capítulo "Agonia das primaveras"; do meu livro *Problemas do espírito*.

"*Eu quero*" é a voz do espírito.

"*Tu deves*" é o brado do intelecto.

A letra — tu deves — mata.

O espírito — eu quero — dá vida.

"Por Moisés foi dada a lei" — tu deves — "pelo Cristo veio a verdade, veio a graça" — eu quero.

Muitos devem *compulsoriamente*.

Poucos querem *espontaneamente*.

Muitos são *moralmente bons*.

Poucos são *espiritualmente perfeitos*.

Penúltima é a *boa vontade do homem virtuoso*.

Última é a *compensação do homem sábio*.

Muitos são os *vocados*.

Poucos são os *evocados*.

Francisco de Assis era um gênio cósmico de excelsa grandeza. O seu ideal era ser espontaneamente bom; ser bom por *querer*, e não por *dever*.

Mas foi obrigado pelo papa Honório a submeter o regulamento da sua fraternidade incolor à erudição multicor dos teólogos eclesiásticos, que elaboraram uma constituição repleta de prescrições, de obrigações e proibições, de prêmios e castigos.

Foi esta a dolorosa agonia da primavera do ideal franciscano. Toda a espontaneidade do gênio cósmico submetida à obrigatoriedade dos talentos eclesiásticos.

A fraternidade franciscana só pôde sobreviver em forma duma ordem romana.

Tomás de Aquino, pelo fim da sua vida, teve uma visão e depois disto não escreveu mais nada e confessou aos amigos: "Tudo que escrevi é palha".

Quando desperta o gênio, todo o talento é palha.

Quando eclode a mística, toda a teologia é palha e palhaçada.

Tomás de Aquino é um Santo, então ele o é porque condenou como "palha" toda a sua erudição teológica.

Vocados e evocados

A palavra grega para "evocar" é *ekkaléo* (*ex-evocare*, evocar, chamar para fora). De *ekkaléo* veio *ekklesía* (em latim *ecclésia*, em português igreja).

O verdadeiro sentido da igreja é a ideia da *evocação*, ou seja, a elite, o escol dos evocados, dos que foram vocados; chamados, e responderam jubilosamente a essa vocação ou chamamento e se fizeram os vocados; os outros são apenas os vocados não evocados, os chamados que não responderam ao chamamento.

Muitos são os vocados, poucos os evocados.

De maneira que o conceito genuíno de igreja ou *ekklesía* não é o de massa, mas, sim, de elite. Nem todos os que são fisicamente da igreja pertencem espiritualmente à Igreja, porque esta não está neles. Só os que atenderam à evocação e assim se tornaram evocados é que são realmente da Igreja de Deus, porque pertencem interiormente ao *pusillus grex* dos homens sacros da *ekklesía* "A vós é dado compreender os mistérios do reino dos céus."

É esse *compreender*, esse "prender totalmente"; é esse *saber*, que é "saborear", que perfaz a invisível realidade da *ekklesía*.

A verdadeira igreja consta, pois, dos sapientes, dos iniciados, dos libertos — e não dos apenas *crentes*. A verdadeira *fides* é uma fidelidade interna, uma harmonia espiritual, uma sintonia com o Cristo interno.

Os membros da verdadeira igreja de Deus são os *teleios*, os que se aproximam dos *telos*, isto é da meta final da jornada, na expressão de São Paulo. O texto latino traduz *teleios* por *perfectus* (perfeito), os que já "per-fizeram", fizeram plenamente a jornada ascensional e se aproximaram da meta suprema.

Teleios, *perfectus* é o sapiente, aquele que sabe e saboreia em seu íntimo a realidade divina.

Os descrentes são profanos de má vontade.

Os *crentes* são profanos de boa vontade.

Somente os *sapientes* é que ultrapassaram a profanidade tanto dos descrentes como dos crentes, e ingressaram na sacralidade dos sábios, que sabem como Deus *sabe*, porque lhe tomaram o *sabor*, saboreando-o deliciosamente. Estes formam a *ekklesía* dos evocados.

Querer crer — poder crer

O homem não crê naquilo que quer — crê naquilo que pode. Só se crê realmente naquilo que se pode crer; e esse poder depende de certo grau de evolução interior.

O *querer-crer* é de muitos — o *poder-crer* é de poucos. Verdade é que todos podem *potencialmente* crer — mas poucos podem *atualmente* crer; aqueles que não atualizaram a sua potencialidade — e isto é o seu grande pecado, porque *quem pode* deve, e quem não faz o que pode e deve cria débito — e todo débito gera sofrimento.

Schopenhauer escreveu: "Eu posso fazer tudo que eu quero, mas nem sempre posso querer aquilo que quisera querer." E Einstein cita com grande admiração esta frase de Schopenhauer.

Para podermos querer requer-se um certo poder, que mais se adquire pela *vivência* do que pela *querência*.

Recusar — abusar — usar

Recusar é uma atitude preliminar necessária para poder *usar* corretamente, *sem abusar*.

O homem profano abusa.

O homem virtuoso recusa.

O homem sábio usa.

O celibato de Gandhi, diz Tagore, é antes budismo que brahmanismo, é mais virtude que sabedoria.

O homem sábio deve ser capaz de *usar* tudo, sem *recusar* nada e sem *abusar* de nada.

Mas... é melhor recusar do que abusar. E quem não é assaz forte para usar sem *abusar*, faz bem em recusar.

Muitos abusam.

Alguns recusam.

Poucos usam.

Juramento de Thomas Jefferson

No interior do grandioso monumento dedicado ao grande legislador Jefferson, em Washington, estão gravadas as palavras:

"Perante Deus e minha consciência, jurei eterna hostilidade a toda a tiranização da mente humana."

A palavra inglesa *mind* pode significar a "mente humana" no sentido de "inteligência"; e pode também significar a "alma" do homem.

Pode a alma, o espírito de Deus no homem, ser tiranizada? Não é ela soberanamente livre?

Se a alma, potencialmente livre, não se torna atualmente livre, cai vítima da prepotência tirânica da inteligência luciférica. Mas quem pode deve, e quem não fez o que pode e deve cria débito, e todo o débito gera sofrimento.

Clima de espiritualidade

Sábado de aleluia. Um dos meus estudantes de filosofia me perguntou se havia certeza histórica sobre a ressurreição do Cristo. Respondi-lhe o que podia, mas ele não pareceu satisfeito.

Depois da retirada do estudante, me senti envolto e permeado por pensamentos — talvez não pensados por mim — em torno do problema, porque para uns é evidente o que para outros é obscuro.

Deve haver um determinado clima, uma imponderável atmosfera em certas pessoas; e neste ambiente germina com facilidade a semente da certeza espiritual, sem nenhuma argumentação violenta. Em outras pessoas, a mesma semente não brota.

Será que A é de natureza crédula, emocional, ao passo que B é naturalmente incrédulo, cético?

Entretanto, a mais profunda razão dessa diferença é outra.

Um vive habitualmente num clima propício à aceitação do mundo espiritual, e por isto enxerga facilmente os fatos que têm afinidade com a sua atitude positiva; toda a modalidade do seu ser interno, mesmo inconsciente, é favorável à aceitação do fato. O que, na verdade, determina o assentimento do homem é este ou aquele argumento analítico — que não passa de um catalisador, de uma espoleta de ignição que lança a faísca na massa explosiva preexistente. O interno Eu do homem espiritual é como lenha que pega fogo com a aproximação de uma pequenina chama de fósforo — ao passo que em outra alma essa lenha está muito úmida, e não reage facilmente à ignição da chama.

Em nossos cursos de filosofia cósmica tenho feito, através de muitos anos, a observação que "compreender" não quer dizer ter ouvido ou lido; "compreender" não é um ato isolado, desconexo, mas supõe uma longa série de atos, até que esses atos formem uma atitude, uma longa cadeia de elos concatenados. Finalmente, quando todo o ambiente está saturado de atitude propícia, surge essa coisa misteriosa e indescritível que se chama "compreensão".

Essa compreensão não vem de provas, demonstrações, argumentos analíticos — que podem servir de lenha, mas a lenha, por mais seca, não ateia fogo por si mesma. Todos esses preliminares conscientes são necessários — mas nenhum deles é suficiente para a ignição ou compreensão final. Algo do extraconsciente deve acontecer para que o consciente pegue fogo.

É, pois, de suma importância essa creação de ambiente, porque "quando o discípulo está pronto, o mestre aparece"...

O homem cósmico — visão do infinito em todos os finitos

No zênite da sua experiência cósmica, vive o homem a suprema Realidade do Universo, em toda a sua plenitude e integridade; vive o UNO em todos os DIVERSOS; percebe a presença do eterno *Nirvana* em todos os *Samsaras* temporários.

E, por isto, pode o homem cósmico amar sinceramente todas as *Existências finitas na Essência infinita*, porque percebe o Creador em todas as creaturas.

A *aversão do mundo* experimentada pelo místico culminou na *conversão ao mundo* vivida pelo homem cósmico (*Welthinkehr setzt Weltabkebr voraus*). Após o *penúltimo* estágio evolutivo, que é a fuga do mundo, atinge o homem cósmico o *último*, que é a convivência com o mundo — não mais a convivência do profano, que é derrota, mas a convivência do iniciado, que é vitória. O estágio *antepenúltimo* do profano escravo, e o *penúltimo* do desertor místico, fundiram-se no *último* do vencedor cósmico.

Esse homem enxerga a sacralidade do Infinito em todas as profanidades finitas, e assim todas as profanidades de outrora são sacralizadas pelo conhecimento da Verdade Libertadora, a Verdade de que o Infinito está em todos os Finitos, e todos os Finitos estão no Infinito. Os DIVERSOS de fora são iluminados pelo UNO de dentro — o homem-cósmico vive e saboreia este UNI-VERSO.

A fim de chegar a essa visão de transparência cósmica, enxergando o Infinito em todos os Finitos, deve o homem contemplar primeiro a Luz do Infinito em si mesma, isoladamente, longe das coisas opacas do mundo dos Finitos; só depois de se identificar totalmente com essa Luz como tal, isolada, transcendente, e viver intensamente essa experiência mística, é que o homem pode ver, mais tarde, essa Luz, como imanente em todas as coisas do mundo objetivo e profano — a opacidade de ontem se converteu na transparência de hoje.

Somente o homem habituado a ser *solitário com Deus* pode ser *solidário com o mundo* — a solidão com Deus do mundo lhe confere a necessária invulnerabilidade para poder ser solidário com o mundo de Deus sem alegria escravizante. O homem meramente *social* e *sociável*, que nada sabe da feliz solidão mística, a sós com Deus, esse não pode ser solidário com o mundo sem apostatar da solidão com Deus.

Essa solidão em Deus deve ter-se tornado no homem uma segunda natureza, uma querência, um lar, um céu, um paraíso, em que ele poderia habitar eternamente.

Mas... essa profunda *verticalidade* da solidão clama por uma vasta *horizontalidade* de ação. Meditação e contemplação querem manifestar-se em ação. Estranhamente, esta palavrinha "ação", de duas sílabas, está contida naquelas palavras maiores, de quatro sílabas. O homem de genuína meditação e contemplação é de irresistível ação e atividade.

Do homem que algo espera do mundo nada pode o mundo esperar.

Só o homem, assim liberto do mundo pela experiência da Verdade, pode afirmar sem perigo e amar sinceramente todas as coisas do mundo, porque deixou de ser escravo e se tornou senhor do mundo.

"O Cristianismo é uma afirmação do mundo, que passou pela negação do mundo" (Albert Schweitzer).

"Homem! renuncia ao mundo, entrega-o a Deus! e depois recebe-o de volta, purificado, das mãos de Deus!" (Mahatma Gandhi).

"Quem não renunciar a tudo que tem não pode ser meu discípulo... quem perder a sua vida ganhá-la-á; mas quem quiser salvar a sua vida perdê-la-á" (Jesus, o Cristo).

"Eu morro todos os dias, e é por isto que vivo — mas já não sou eu que vivo, o Cristo vive em mim" (Paulo de Tarso).

De maneira que chegamos a esse estranho paradoxo da Verdade integral: Quem nunca negou internamente o mundo profano não pode sem perigo afirmar o mundo; a *aversão do mundo* pela negação deve preceder à *conversão ao mundo* pela afirmação — isto é *libertação*, equidistante da *escravidão* do profano e da *deserção* do místico.

Com isto não negamos, todavia, que a deserção mística seja melhor que a escravidão profana; pelo contrário, afirmamos que a deserção mística é um meio necessário para conseguir a libertação final. Todos os mestres espirituais da humanidade insistem na necessidade da negação pela mística para que o homem possa conseguir a libertação total pela afirmação da Verdade.

Todas as coisas do mundo objetivo iludem e escravizam o homem que não tenha experimentado a Verdade do seu mundo interior; só depois desse encontro real e definitivo com a Verdade do seu Eu Divino, é que as coisas do ego humano podem ser aceitas sem perigo — e até como auxiliares de autorrealização — porque, depois dessa experiência da Verdade, a alegria de outrora se converteu na imunidade de agora. Só então podem as delícias (*anada*) do *Nirvana* ser saboreadas em todas as formas do *Samsara*, sem perigo, sem remorsos, sem vacilações.

Na sua mais profunda intuição, mesmo inconsciente, está o homem normal convencido — plenamente "vencido" pela verdade — de que nenhum ser do mundo de Deus é mau em si, contrário ao Deus do mundo; uma voz interna lhe diz, em profundo silêncio, que todos os Finitos existem em virtude do Infinito; que o eterno Transcendente é Imanente em todas as coisas temporárias; que o temporário é apenas uma manifestação parcial e transitória da Realidade total e eterna.

É neste sentido que Tertuliano escreveu que "toda alma humana é crística por sua própria natureza". Esse teotropismo crístico que no homem se pode tornar consciente, em todas as coisas do mundo de Deus.

O homem, embora pareça ser um exilado aqui na terra, sabe no seu íntimo que pode encontrar aqui um lar, uma *querência temporária*, que não está necessariamente em conflito com a *querência eterna*, mas que pode ser um prelúdio compatível com a vida eterna; ele quer poder amar a existência terrestre sem amargura, sem remorsos, sem nenhum senso de culpa, porque sabe que o reino de Deus deve e pode ser proclamado sobre a face da terra, para que haja um novo céu e uma nova terra. Sabe que é ele, e só ele, que pode e deve libertar da corruptibilidade a natureza, que até a presente hora geme e sofre dores de parto, ansiando pela gloriosa liberdade dos filhos de Deus, que receberam as "primícias do espírito".

Mas, enquanto as coisas do mundo lhe são opacas, simples objetos profanos, não pode o homem repousar nelas sem inquietação interior, sem uma futura conversão; só quando ele vê em todas as coisas externas outras tantas formas e veículos finitos da Realidade Infinita; só quando o eterno UNO transparece dos efêmeros DIVERSOS; só quando o homem descobre o verdadeiro UNI-VERSO — Deus em tudo e tudo em Deus — só então pode ele reconciliar-se, definitiva e jubilosamente, com o mundo dos Finitos sem apostatar do Infinito.

E então ingressa o homem na grande Família Cósmica, que é o Reino de Deus em toda a sua Integridade e Plenitude.

Quando a vivência profana passa pela visão mística, e quando a visão mística culmina na experiência *cósmica* — então o Verbo se faz carne e habita no homem cheio de graça e de verdade; então o homem *diversitário* do mundo profano se une ao homem *unitário* da solidão mística — e desse conúbio nasce a maravilhosa prole do homem *universitário*, o homem cósmico, o homem crístico, a Luz do mundo.

Realização do homem integral — cosmoterapia

Todos os grandes mestres da humanidade — sobretudo o Cristo — são unânimes em afirmar que o homem realiza a prosperidade da sua vida externa quando espiritualiza a sua vida interna. As conhecidas palavras do Nazareno "não andeis solícitos pelo que haveis de comer e de vestir — procurai em primeiro lugar o reino de Deus e sua justiça", e todas as outras coisas vos serão dadas de acréscimo", estas palavras são extremamente absurdas aos olhos de qualquer homem inexperiente; parecem expressão de um grande idealismo, e ao mesmo tempo da ausência total de um realismo prático.

E, aparentemente, os profanos têm razão em não aceitar esse idealismo espiritualista; pois não vemos todos os dias que essa focalização unilateral da consciência espiritual não realiza as coisas materiais das quais temos incessante necessidade? Não falemos agora das coisas de imediata e indispensável necessidade para a vida de cada dia. Se eu não sei donde tirar o feijão e o arroz, o pão e a carne, para mim e minha família; se não tenho recursos para pagar o meu aluguel, o ônibus de cada dia, os impostos, a luz elétrica, o telefone e outras coisas inseparáveis da vida moderna, e se eu me puser a rezar, a rezar intensamente, se fizer uma ou mais hora de meditação espiritual — será que estas coisas indispensáveis caem do céu sobre a minha mesa?

Todos nós sabemos que essas coisas indispensáveis não aparecem e, se eu persistir em rezar e meditar morrerei rezando, e todos os meus acabarão na miséria e na mendicidade.

Isto é tão certo como duas vezes dois são quatro, tão certo como é certo que o sol nasce cada dia no Oriente e se põe no Ocidente.

E, no entanto, continuam os grandes mestres da humanidade a afirmar categoricamente que é suficiente procurar as coisas espirituais, e que todas essas coisas materiais virão por si mesmas, sem serem procuradas.

Como explicar esse estranho paradoxo?

Será que todos esses mestres, o Cristo à frente, são uns pobres enganados? Ou são uns perversos enganadores? Ou são uma e outra coisa ao mesmo tempo?

* * *

Vamos devagar, passo a passo, a ver se conseguimos solver esse enigma.

Antes de tudo, é necessário que tenhamos absoluta certeza e clareza sobre uma verdade fundamental: *que a Infinita Realidade está presente em todas as coisas Finitas*; que os Finitos só existem como manifestações parciais da Realidade Infinita Total. Os seres vivos existem porque neles está presente a Vida; as Existências Finitas são manifestações parciais da Essência Infinita.

Esta presença do Infinito em qualquer Finito é um *fato objetivo* — mas *nem em todos* os *Finitos* existe a *consciência subjetiva* desse *fato*.

A natureza infra-humana — embora esteja imersa no mar do Infinito e esse infinito esteja presente em qualquer ser da natureza, o mundo mineral, vegetal e animal — não tem consciência dessa presença do Infinito nele.

Aqui na terra, somente o homem pode ter consciência deste fato.

O homem pode ser *consciente* dessa presença — e pode também ser *inconsciente* (talvez melhor semiconsciente) dessa presença.

Quem *pode*, deve.

E quem, *podendo* e *devendo* ser consciente, *não é consciente*, cria em si uma atitude de *débito*, de culpabilidade. E é isto que acontece no homem-ego, que, podendo e devendo ter consciência da presença do Infinito nele, não possui essa consciência; não sabe que o Infinito está nele, e se ele está no Infinito; o homem-ego não sabe que "de si mesmo (pelo ego) ele nada pode fazer; mas quem faz as obras é o Pai (o Eu) que nele está."

Essa inconsciência culpada do homem-ego cria nele um estado *negativo*, antirrealista, anticósmico. O homem-ego é um separatista, sentindo-se desligado da grande Fonte Cósmica, do *Uno*, e só tem consciência do (di) *Verso*.

Destarte, o homem-ego faz de si um *canal sem fonte*.

Será que um canal, ou encanamento, por si mesmo, pode produzir água?

Certamente, é possível tirar água da torneira de um encanamento, supondo que se tenha deitado água nele, com um balde ou regador; e sai justamente tanta água da torneira quanta foi deitada no encanamento, nem uma gota mais.

É esse precisamente o estado do homem-ego. Ele tem de colher aquilo que semeou. Tira das coisas Finitas tanto quanto nelas deitou. Se deixa de deitar água no encanamento, não vai tirar água da torneira. Se deixa de tomar as devidas providências, não vai ter produtos, feijão, arroz, pão, carne, ou dinheiro para comprar essas necessidades.

É assim que o homem-ego se move num eterno círculo vicioso, de produzir e colher.

E, quando lhe faltam as coisas necessárias, possivelmente se lembra de invocar poderes extramundanos para receber auxílio deles; o homem-ego, quando crente, reza, pede, tenta fazer negócio com a Divindade, para pôr água nos encanamentos da sua humana previdência; e, por vezes, consegue de poderes extramundanos inesperado auxílio no plano das suas previdências humanas.

Mas todo o seu rezar e pedir não sai fora da zona dos canais, se há mais água na torneira, é porque os canais foram grandemente ampliados e alongados, talvez por muitos quilômetros, de maneira que a fluência das águas é notavelmente aumentada. Mas... não há ligação com uma fonte perene, que independa dos encanamentos.

A solução não está no aumento dos canais do ego — *a solução está unicamente no contato do canal com uma Fonte original*.

Que é essa Fonte?

Essa Fonte é o Infinito.

Onde está esse Infinito?

Está presente em todos os Finitos — também no homem.

Mas se a Fonte Infinita está presente no homem, porque não garante um fluxo contínuo através de seus canais?

Porque, no homem consciente e livre, o fluxo da Fonte Infinita através dos canais finitos depende da *consciência* que o homem tenha dessa presença do Infinito no Finito.

Na natureza infra-humana, há um fluxo permanente, porque da natureza infra-humana não se exige consciência; o fluxo se realiza automaticamente pelo canal inconsciente do instinto, que é a inteligência automática da natureza.

No homem, porém, não há esse fluxo automático; tem de ser um fluxo espontâneo, consciente e livre.

Sendo, porém, que a índole do homem-ego é visceralmente separatista, negativista, o ego não liga o seu canal com a Fonte. E por isto, na vida do homem-ego há somente aquela medida dos bens da vida que ele mesmo produzir pela força do seu egoconsciente, que é muito limitado e precário.

* * *

Quando então o homem descobre que há uma Fonte perene para além de todos os seus canais intermitentes, que essa Fonte perene é inesgotável e flui dia e noite; então não há nenhuma necessidade que o homem deite água nos encanamentos das suas previdências humanas, porque descobriu a Fonte da Previdência divina; descobriu a Fonte Absoluta além de todos os seus canais relativos. E, uma vez ligado à Fonte perene do Infinito o canal finito, pode o homem na certeza de que nunca faltará água na torneira. E, pela primeira vez, compreende o homem que o "reino de Deus e sua justiça" é a Fonte perene do Absoluto e Infinito, e que "todas as outras coisas", todas as necessidades da sua vida material, fluem espontaneamente dessa Fonte.

A partir daí, não precisa mais ganhar o seu pão "no suor de seu rosto", arrancando-o da natureza; muito menos tem necessidade de tirar dos outros homens os bens da vida; esse processo de transferência — seja da natureza, seja dos outros homens — se tornou inteiramente supérfluo.

O homem-Eu, que sucedeu ao homem-ego, partir daí vive para trabalhar, mas não trabalha viver.

Mas, enquanto a semiconsciência do homem-ego não se transformar na pleniconsciência do homem-Eu, que traz em si a fonte das águas vivas, não haverá fluxo permanente de águas, isto é, dos bens da vida material. E, enquanto não se realizar esse processo interno, não adianta rezar, pedir, porque falta contato entre os canais e a Fonte.

Quando o homem vive conscientemente o fato da presença do Infinito no Finito — "o Pai está mim... e eu estou no Pai" — então a Fonte Infinita começa a fluir através dos seus canais finitos, mantendo-os sempre plenos de todos os bens da vida. E o homem pode viver tranquilo e despreocupado em todos os planos da sua vida material, porque a Fonte Infinita garante o suprimento constante de todas as coisas finitas e necessárias.

A Fonte Infinita é o grande SIMBOLIZADO — os canais finitos são os pequenos símbolos. Uma vez estabelecido o contato consciente com a Fonte, todos os símbolos — dinheiro, emprego, saúde, bem-estar, boas relações sociais, etc. — aparecem por si mesmos, como corolários e consequências naturais do "reino de Deus".

* * *

Mas, é dificílimo ao homem profano inexperiente crer nessa matemática cósmica. Se lhe faltam as coisas necessárias, dinheiro, roupa, alimento, casa — será que o homem-ego pode produzir essas coisas?

Em caráter precário e transitório, essas coisas parecem ser produzidas pelo ego; mas não são duráveis, nem dão satisfação a seu possuidor.

O homem-ego, sendo essencialmente míope, não percebe que esse modo de arranjar as coisas necessárias não é um mergulho na Ponte Infinita; é apenas um prolongamento dos canais ego-fabricados. É "remendo novo em roupa velha". Esse arranjo do ego não é a cura do mal — é apenas uma repressão temporária de sintomas do mal — e isto é charlatanismo.

O ego é produtivo.

O Eu é *creativo*.

Produzir (ou *criar*) quer dizer passar de um finito a outro finito.

Crear (não *criar*) quer dizer passar do Infinito para o Finito.

Sendo que todas as coisas Finitas estão contidas no Infinito, o homem-Eu, que descobriu o seu poder creador, tira da Fonte do Infinito todas as coisas finitas da vida.

Esse tirar-do-Infinito não dispensa necessariamente os elementos finitos já existentes. Jesus fez vinho de água, fez pão e peixe da luz cósmica. O Eu divino no homem possui esse poder creador, que pode ser um processo do Ser Universal para o Existir Individual, como também uma forma definitiva de uma coisa existente, um aperfeiçoamento de um existente em outro existente.

Todo o problema está em conseguir suficiente intensidade ou densidade de consciência para romper a barreira de tempo e espaço e remontar ao Infinito e Eterno.

Mas como o Infinito e o Eterno estão no homem, são a quintessência da sua natureza, o homem pode ter plena consciência desse Infinito e Eterno, supondo que avance até ao íntimo reduto da sua natureza humana.

Donde vêm os bens da vida? Contato com a fonte

Donde vem a água que sai da minha torneira?

Vem do encanamento.

É verdade? não vem da fonte?

Koestlers, no seu livro entre *Gandhi* e *Nehru*, conta do espanto de certos indianos primitivos das montanhas quando, em casa de um missionário americano, viram "sair água da parede". Eles, os nativos, só conheciam água a sair da terra, no meio das montanhas ou das florestas. E agora, como é que a água sai duma parede seca?

É o caso de todos os profanos inexperientes: enxergam o trecho final do conduto; nada sabem do trecho inicial, de alguma nascente distante, que nunca viram. Os nativos indianos não viam a parte do encanamento dentro da parede da casa, nem viam a parte que, antes de entrar na parede da casa, passava pelo solo, ligando-se a uma fonte, distante talvez daí a cem quilômetros.

O homem profano sabe que o pão vem do cereal e de outros produtos da terra; sabe que esse cereal tem de ser plantado num solo fértil. Mas o que há para além do cereal e do solo? Será que nesses fatores visíveis e imediatos está a primeira origem do pão?

O homem comum nada enxerga para além do imediatismo do trecho final dos canais da sua humana previdência; a sua visão é curta, míope; nada percebe da Fonte Primária, da origem longínqua das coisas. Também não sabe que essa Fonte Primária é inesgotável e pode mesmo funcionar sem nenhum canal visível. Uma nascente no meio das montanhas flui há centenas de séculos e milênios, sem nenhum encanamento. Este serve apenas para dar determinada direção às águas, mas não lhes dá origem. Canal é continuação, fonte é início.

A Fonte é *creativa* — o canal é apenas *produtivo*, ou *condutivo*.

A descoberta mais estupenda que o homem pode fazer, aqui na terra ou alhures, é a de verificar que os bens da vida diária não vêm do seu trabalho inteligente, embora este lhes sirva, geralmente, de canal ou condutor. Quando o homem descobre que todos os bens da vida material têm a sua origem primária e fundamental numa Fonte imaterial, não visível, então, de profano, passa ele a ser um iniciado, porque descobriu o "início" de todas as coisas "continuadas". Outrora, essas continuações sucessivas, conhecidas do velho ego, eram para ele o suposto início; o homem-ego, graças à sua miopia, era um "continuísta", e não um "iniciante"; confundia a longa série das continuações derivadas com o único início original; toda a sua erudita ignorância era uma colcha de retalhos feita de farrapos de continuísmo, de fragmentos de canais. Não conhecia "início" nem "iniciativa", só conhecia "continuação" ou "continuativa". O homem-ego tira os seus recursos de cada dia da natureza material ao alcance dos seus sentidos e do seu intelecto, mediante certas manipulações agrícolas e industriais — quando não tira esses recursos das mãos de seus semelhantes, transferindo-os da posse alheia para posse própria. Em última análise, todo esse processo de transferência de bens, da posse de A para a pos de B ou de C, é uma espécie de latrocínios; mas, com a lei positiva dos homens civilizados legalizou certos tipos de desapropriação e apropriação, a nossa sociedade considera "legítima propriedade" certos latrocínios praticados dentro da lei; estes são considerados "honestos", ao passo que outros latrocínios, não legalizados, são tachados de "desonestos".

A única forma de apropriação de bens realmente honesta é a sua *creação*, a sua *edução* do seio da Fonte Primária, da alma do Cosmos, das profundezas da Divindade, do Infinito, do Absoluto.

Mas enquanto o homem não adquirir consciência da onipresença do Infinito em todos os Finitos, não pode ele realizar esse ato creador, esse haurimento imediato dos bens da vida de dentro do seio do mundo invisível.

Quem nada sabe da Fonte longínqua, tem de recorrer aos canais propínquos.

Saber é poder.

Não saber é não poder.

Quem não sabe que o Infinito está presente no Finito, não o pode utilizar, eduzindo o visível de dentro do invisível, creando coisas materiais das profundezas da Realidade imaterial.

O saber, a sapiência, a consciência — "o Pai que está em mim" — me diz que a Fonte de todas as coisas está em mim, embora ainda "tesouro oculto"; e quando esse fato objetivo é vivido subjetivamente, em plena conciência, então essa vivência íntima faculta ao homem o poder de tirar de dentro dessa Fonte Infinita, desse "Pai em mim", todos os recursos da vida cotidiana.

Enquanto o homem não realizou esse contato consciente com a Fonte Infinita dentro dele, tem ele de tirar as coisas necessárias do mundo de fora, tem de ganhar o seu pão no suor do seu rosto".

A ignorância produz trabalho forçado, doloroso.

A sapiência convida a um trabalho espontâneo, gozoso.

A ignorância da presença do Infinito em mim diz: Tu deves!

A sapiência dessa presença diz: Eu quero!

"Tu deves" é escravidão — "eu quero" é libertação.

O Cristo nunca foi escravo de trabalho forçado; nunca teve dinheiro nem emprego; nunca adquiriu um lote de terra; nunca construiu uma casa para si; nunca se preocupou com a subsistência material — e, no entanto, nunca foi mendigo nem andou de tanga; no Calvário, os soldados romanos repartem entre si as vestimentas do crucificado e lançam sortes sobre a preciosa túnica inconsútil.

Dom Bosco dava casa e comida a centenas de meninos abandonados mas nunca tratou de ter uma fonte de renda econômica na zona do ego; é que as suas previdências humanas recebiam tudo diretamente da Fonte da providência divina.

A Instituição Cottolengo, em Turim, é um milagre permanente; alimenta, dia a dia, grande número de necessitados, mas não calcula nem quer saber donde vêm os recursos de cada dia; todas as suas previdências são eclipsadas pela Providência; dispensa canais humanos, porque recebe da Fonte divina.

Mahatma Gandhi libertou centenas de milhões de hindus, canalizando as águas vivas da Providência divina pelos canais da previdência humana, mas não caiu jamais no erro funesto de querer tirar os recursos de dentro dos canais humanos, dispensando a Fonte divina.

A miopia da inteligência do ego só enxerga previdências humanas.

A largueza da sapiência do Eu sabe da Providência divina e, embora se sirva muitas vezes das previdências humanas, em hipótese alguma considera estas como Fonte Primária e suficiente. No homem sábio, a "inteligência da serpente" está sempre integrada na "simplicidade da pomba".

Essa atitude é conhecida pelo nome de "fé", fórmula vernácula da palavra latina *fides*, que é o radical de "fidelidade".

Fé é, pois, fidelidade, harmonia, sintonização.

Quando o homem sintoniza o seu pequeno ego finito com o seu grande Eu Infinito, então tem fé, *fides*, fidelidade — e então tudo lhe é possível, e nada lhe é impossível, porque então a onipotência da Fonte flui livremente através da potência dos canais; e a vacuidade destes é plenificada pela plenitude daquela.

O mundo inteiro é um sistema genial de matemática de precisão: tudo funciona em virtude de leis imutáveis, rigorosamente exatas e infalíveis.

O homem sapiente conhece intuitivamente essa *matemática cósmica*; esse homem, lá da excelsa atalaia da sua centralidade, tem uma visão cosmorâmica do Universo em derredor; a sua visão *unitária* (Uno) lhe revela com segurança todos os mistérios *diversitários* (Verso). O homem sapiente conhece a lei que rege esse maravilhoso Universo e, como ele atingiu o Uno, sabe de antemão como funcionam os (di) *Versos*.

O homem sapiente é discípulo do Uni-verso — ele é o autêntico *Universitário*.

Quando ele quer debelar um mal qualquer — pecado ou doença — evoca o centro do Bem — santidade e sanidade — que está no homem e no cosmos. Portanto, o homem e o cosmos são concêntricos, têm o mesmo centro. Por isto, o homem plenamente *homificado* está plenamente *cosmificado*.

Assim consegue o homem sapiente libertação total, mediante o conhecimento intuitivo da Verdade.

* * *

Quando o homem descobre que os bens da vida não nascem dos canais da previdência do ego, mas, sim, da Fonte da Providência do Eu, do Infinito dentro do homem, então pode ele distribuir liberalmente os bens materiais, porque a Fonte espiritual lhe garante suprimento inesgotável, sem nenhum perigo de empobrecimento. Quanto mais ele distribui tanto mais lhe aflui do ubertoso seio da Riqueza Infinita. O *influxo* vertical garante um *efluxo* horizontal.

Quem puxa um único fio elétrico da usina para sua casa, não terá luz, nem calor, nem motor, porque a atividade elétrica exige sempre dois polos, ida e volta. Quem pretende *receber* algo da usina sem nada dar, nada terá; somente quem recebe para dar é que terá luz, calor, e movimento.

O egoísta quer receber para ter.

O asceta não quer receber para não ter.

O sábio quer receber para dar.

Somente esta última atitude *receptiva-dativa* é que está de acordo com a Constituição Cósmica de Universo, que é um contínuo *receber-dar*, um *influxo-efluxo*, uma infinita Plenitude em contínuo transbordamento rumo aos Finitos. Dos canais finitos as águas vivas voltam para a Fonte Infinita.

Se os mares não evaporassem sem cessar as suas águas e as fizessem descer em chuvas sobre a terra, dentro em breve não mais haveria fontes e rios na terra; o contínuo *dar* do oceano possibilita um incessante *receber*.

Quando o homem-ego dá algo de dentro dos seus canais finitos, perde aquilo que dá, e vai se empobrecendo.

Quando o homem-Eu dá algo de dentro da Fonte Infinita, através dos seus canais finitos, não perde aquilo que dá, porque o Infinito não pode perder; pelo contrário, quanto mais o homem-Eu dá tanto mais recebe do Infinito quanto mais dá aos Finitos. O receber é diretamente proporcional ao dar. Recebe em *qualidade*, e dá em *quantidade*. *Por isto, na zona superior, dar é enriquecer dando aos outros, em quantidade, o homem é enriquecido em qualidade*. *Dar algo* valoriza o *alguém*; empobrecer externamente em quantidade, enriquece internamente, em qualidade *Perder* no Finito é ganhar no Infinito. E, por fim, é também ganhar nos Finitos.

O "1", enriquecendo de si os "000" à sua direita — 1000 —, não perde nada da qualidade do seu "1", pelo fato de plenificar a vacuidade dos "000"; o "1" pode plenificar milhares e milhões de "0000000000000", nada perde do seu valor pelo fato de valorizar os desvalores dos zeros.

O Infinito, dando aos Finitos, nada perde da sua Infinitude.

O Infinito no Homem é o Eu.

O único modo de enriquecer realmente é dar liberalmente.

Em resumo e síntese: os bens da vida não vêm dos canais do meu ego — mas sim da Fonte do meu Eu. Descobrir e fazer funcionar essa Fonte é suprema sabedoria, poder e felicidade.

"Há mais felicidade em dar do que em receber."

Liberdade total pela Verdade

O homem é, aqui na terra, o único ser que atingiu consciência individual, que pode dizer "eu", que sente a sua "alteridade" em face o Todo Cósmico. Os outros seres da natureza — mineral, vegetal, animal — sentem, apenas vagamente, a sua "alteridade" do Cosmos; não são "eu", não têm consciência nítida da sua "alteridade". O homem sente a sua alteridade.

Esse senso de que "eu sou outro", "eu não sou o Cosmos", essa "altero-consciência", é privilégio único do homem, aqui na terra. É provável que, em outras regiões do Universo, existam seres ainda mais nitidamente conscientes da sua "alteridade" em face do Todo Universal; mas, aqui no planeta Terra, não conhecemos nenhum ser que possua essa consciência da sua "não identidade" com o Todo Cósmico. Os outros seres da terra podem ser "cientes", mas só o homem é "consciente", isto é, "ciente com", ciente de que ele é outro, diferente do Cosmos. Até "contra-ciente".

O primeiro estágio desse ser-consciente-de-si mesmo como um "altar", como algo não idêntico com o Todo, produz um senso de *separação* ou separatismo. Em vez da simples noção "eu sou diferente" do Todo, o homem, no primeiro estágio da sua conscientização, se sente como separado, distanciado do Todo; e, não raro, a sua *alteridade* se revela como *hostilidade*. E isto é profundamente psicológico. A fim de reforçar o seu altero-consciente, recém-nascido, fraquinho, precário, vacilante, o homem primitivo luta com todas as suas forças para não recair ao seio do *Mar Universal* e para manter-se na superfície como *onda individual*. Luta desesperadamente por afirmar e intensificar a sua incipiente individualidade consciente, o maior tesouro que conquistou através de milhões de anos de lenta e progressiva evolução ascensional.

E não tem o homem razão em defender com veemência essa sua grande conquista de "alteridade" individual?

Essa vigilante defesa da sua recém-adquirida e ainda incerta individualidade como sendo primitivo a proclamar a sua jovem individualidade como sendo uma *personalidade autônoma*, separada, como uma máscara (*persona*), suscetível de ser destacada do grande Todo Cósmico, donde emergiu. O homem primitivo recém-emerso do Mar Universal, proclama o seu *Eu individual*, como sendo um *Ego personal*, proclama o Indiviso e Indivisível do Indivíduo como sendo diviso ou divisível, como *persona*.

Esta proclamação da personalidade, divisa ou divisível, é, por conseguinte, a grande ilusão, nascida de uma visão unilateral e incompleta da Realidade. Não existe nem pode existir Finito algum separado do Infinito — assim como não existe uma onda separada do mar.

Com outras palavras, o homem-ego vai ao extremo oposto do seu antigo estado, pré-consciente, de identidade com o Cosmos, e desenvolve em si uma consciência de alteridade acósmica e anticósmica; faz da sua *alteridade acósmica* uma *hostilidade anticósmica*. Não satisfeito com a sua *alteridade Eu*, o seu indivíduo, proclama freneticamente a sua *hostilidade Ego*, a sua *persona*. Ainda não consciente da sua *individualidade indivisa*, vive na falsa embriaguez de uma *personalidade separada*.

É esta a *felix culpa*, o *vere necessarium peccatum* de que fala misticamente o hino pascal do *Exultet*. O mal não está em que o homem *passe* por uma evolução, o mal está em que ele *pare* a meio caminho dessa jornada ascensional.

É este o nascimento do homem-ego, do homem *persona*, do homem-pecador, que Moisés simbolizou pela "serpente".

O homem-ego é *Lúcifer*, o porta-luz, não é ainda a "luz do mundo", mas já é o primeiro alvor matutino da luz, a alvorada penumbral do sol meridiano; e desse semi-homem luciférico pode, um dia, surgir o pleni-homem crístico — suposto que o homem descubra no seu intelectualismo atual a sua racionalidade potencial.

Esse alvorecer do ego-consciente no homem primitivo é que é o "pecado original", a ilusão sobre sua origem humana, o conceito primitivo na sua homificação. Enquanto o homem-ego não atingir o homem-Eu, continua ele no seu "pecado original"; somente a pleniluz crística do "indivíduo Eu" o poderá redimir da semiluz luciférica da "*persona*-ego".

Todas as grandes filosofias e religiões, sobretudo o Evangelho e a *Bhagavad Gita*, giram em torno desse processo evolutivo do homem-ego rumo ao homem-Eu — do "homem velho" (Adão) e do "homem novo" (Cristo), do "Aham" (ego) e do "Atman" (Eu). A consciência da hostilidade separatista deve culminar na consciência da alteridade da individualidade unitiva. Quando o homem conseguir viver a realidade cósmica "Eu e o Pai somos um... o Pai está em mim e eu estou no Pai, mas o Pai é maior do que eu" — então estará ele remido do seu "pecado original", e entrou no "reino dos céus", isto é, saiu do seu ego luciférico e entrou no seu Eu crístico.

* * *

O primitivo homem-ego vive na ilusão de que o seu ego personal seja a fonte das obras que ele faz; enxerga o canal propínquo do seu ego, mas não vê a Fonte longínqua do Eu, e por isto a sua miopia o leva a considerar os canais do seu ego como a Fonte do seu Eu.

Mais tarde, na progressiva visualização da Fonte, para além dos canais, começa o homem, em evolução ascencional, a perceber que existe uma única origem, causa ou fonte, donde dimanam e fluem todas as águas da Realidade única através dos canais múltiplos; percebe o *Uno original* nos *Diversos derivados* do UNIVERSO e se torna consciente de que todos os Finitos vêm do Infinito.

No princípio, tem ele a impressão de que o Infinito da Fonte se acha para "além" dos Finitos dos canais, e começa a "crer" numa Fonte distante e transcendente. Aos poucos, porém, descobre que o "além" da Fonte não é um "além local", geográfico, astronômico, mas, sim, um "além perceptual", isto é, que esse além-nismo da Fonte Infinita é creado pela imperfeita experiência dele, por sua fraqueza visual. Por fim, o homem faz a estupenda descoberta de que o Infinito da Fonte não está, localmente, num longínquo além, mas, sim, dentro de todos os Finitos dos canais — assim como a substância do mar está em cada uma das formas das suas ondas.

O homem descobre que o Trancendente de Infinito está imanente, presente, em todos os Finitos, como a essência invisível de todas as existências visíveis.

A partir daí, o homem em gradativa evolução ascensional sabe que, embora o Infinito (Pai) esteja nele e nele faça as obras, contudo o homem, como canal dessa Fonte, é responsável pelos seus atos livres, porque esses atos revestem a atitude do homem que lhes serve de canal e veículo. Se o canal humano fosse apenas um autômato passivo e inconsciente — como no mundo mineral, vegetal, animal —, não seria o canal responsável pelo conteúdo recebido da Fonte, porque obedeceria à lei da causalidade mecânica; mas o canal do homem livre é, da sua parte, responsável pelo caráter que imprime às águas que veicula, uma vez que a causalidade dinâmica do livre-arbítrio, privilégio supremo do homem, o constitui autor responsável dos seus atos livres.

Se, por um lado, o homem sabe que as obras que ele faz são obras da Fonte (Pai), por outro lado tem a consciência da sua responsabilidade humana. A nítida consciência que ele tem da pureza das águas vivas recebidas da Fonte Infinita gera no homem o anseio de manter altamente puros os canais humanos, e o menor átomo de impureza o faz sofrer dolorosamente.

Quanto mais consciente o homem se torna da pureza da Fonte Divina tanto mais consciente se torna ele também da mais leve impureza dos seus canais humanos.

Os grandes Iluminados, enquanto ainda viajores ascensionais — sempre se julgam grandes pecadores; porquanto, numa sala intensamente iluminada, o ar, julgado puro num ambiente menos luminoso, se revela cheio de impurezas, por menores que sejam.

O homem, em avançada jornada ascensional rumo à luz, sofre tanto mais as suas insuficiências quanto mais se aproxima da Fonte da Luz, e as sombras que projeta após si se tornam cada vez maiores e mais espessas. Parece que somente o "Filho do Homem", que fizera os seus canais tão puros como as águas da Fonte, podia dizer afoitamente "quem de vós me arguirá de um pecado?"

Toda a tarefa do homem terrestre consiste em se compenetrar da verdade de que o seu canal finito recebe tudo da Fonte Infinita e esforça-se por tornar os seus canais humanos tão puros como é a Fonte Divina.

* * *

Sendo que o ego personal é, *per se*, impuro (egoísta), não podem os atos dele emanados deixar de ser impuros, contaminando as águas puras da Fonte.

Daí a tendência de muitos místicos, sobretudo do Oriente, quererem desistir de qualquer atividade e caírem em total passividade, a fim de não aumentarem os seus atos impuros.

Entretanto, os mais Iluminados dentre eles compreendem que a solução do doloroso problema da tragicidade existencial do homem não está na inatividade — como não está tampouco na atividade, mas está numa outra espécie de atividade — numa atividade não inspirada pelo *ego pecador*, mas, sim, pelo Eu *redentor*. Não agir por motivo de frutos ou resultados objetivos, externos, mas tão somente para "cumprir a vontade daquele que me enviou" — isto redime todas as nossas atividades da maldição do egoísmo e lhe garante a pureza da Fonte do Eu divino, do "Pai em nós".

O meu Eu é indiviso, não separado da Fonte Divina, e as obras que esse Eu faz em nome da Fonte, são obras da Fonte, embora veiculada pelos canais humanos, águas puras não contaminadas pelo ego, puras como o Eu crístico, redentor.

É esta a libertação total e definitiva do homem, aqui e agora, pela proclamação do reino dos céus no homem e sobre a face da terra.

Níveis de consciência

(*Com base em autores vários*)

Toda a ascensão, na escala dos seres, consiste na mudança do seu nível de consciência; essa modificação é a razão de ser de todas as diferenças; é ela que faz a diferença entre o selvagem e o sábio, entre este e Deus.

Quando se diz que o homem superior está acima das coisas, é isto literalmente verdadeiro; certas coisas não o prendem mais; pelo fato de ele as encarar de outro modo, por ser outro ele mesmo, essas coisas não têm mais poder sobre ele.

Quem sabe superou aquilo que sabe e se libertou dele. Saber conscientemente é superar, é libertar-se daquilo que se sabe — assim como não saber é ser escravo daquilo que não se sabe.

Esse ver-melhor e conhecer-melhor não é uma condição preliminar para a redenção — é a própria redenção ou libertação.

Não há poder maior que o conhecimento sapiencial, que é a verdadeira compreensão. Neste sentido foi dito pelo Cristo "Conhecereis a verdade; e a verdade vos libertará."

Não é possível nenhum progresso interior sem esse conhecimento, sem essa elevação do nível da consciência.

Não há crendice mais funesta do que a crença na invencibilidade do determinismo das leis da natureza. A natureza, é certo, age de um modo determinado; no seu próprio plano é ela invariável, inderrotável; entretanto, todas as forças atuam tão somente num determinado plano; mas quem se eleva acima deste plano liberta-se da sua influência e não é atingido pelo seu impacto. Graças ao nível superior da sua consciência, do seu livre-arbítrio, está o homem· acima do nível da natureza inferior, onde atua apenas a lei da causalidade mecânica, ao passo que no homem funciona a lei da causalidade dinâmica.

Quando o homem consegue elevar o seu nível de consciência do plano das forças mecânicas, escapa ele desse plano, não apenas na imaginação, mas na mais completa realidade; porque ter outra consciência é ser outro.

O nível do nosso consciente determina o nível do nosso ser.

Com 10 graus de consciente eu sou 10 graus; com 50 graus eu sou 50 graus, com 100 graus de consciente eu sou 100 graus.

A medida do meu consciente é a bitola do meu ser e do meu poder.

Na íntima essência da sua natureza, o homem é onipotente, e quanto mais consciente ele se tornar desta verdade tanto mais se liberta das peias que o escravizam.

Toda a nossa ascensão rumo a um poder superior é essencialmente um processo de conscientização. Na minha íntima essência eu sou o poder infinito, embora na minha externa existência os meus poderes sejam limitados. Eu *sou* essa essência onipotente, que é a fonte de todas as minhas existências, que eu *tenho*, mas não sou.

À luz desta verdade, é possível que tenham razão os sábios da Índia, quando afirmam que o homem, chegado ao mais alto grau de consciência, pode superar a própria morte.

E não seria este o sentido das palavras do Cristo "Quem tiver fidelidade (fé) a mim, não morrerá, e, ainda que tenha morrido, viverá para todo o sempre"? Ter fidelidade a seu Cristo interno é o mesmo que atingir o mais alto nível de consciência.

E quando ele afirma "o Pai está em mim, e eu estou no Pai — o Pai também está em vós, e vós estais no Pai", supõe a possibilidade de crearmos em nós esse nível de consciência, que ele tinha realizado em si, e que existe implicitamente em cada ser humano.

* * *

Toda a redenção consiste, pois, num conhecimento perfeito e intuitivo. E a fé prepara o caminho para esse conhecimento.

A fé, em sentido teológico, consiste na aceitação implícita do conteúdo duma verdade, antes mesmo de ser esse conteúdo conhecido explicitamente pela razão como tal. A fé, neste sentido, supõe boa vontade, humildade e devotamento. Mas toda verdade, quando aceita sem resistência e abraçada com reverência e amor, exerce um impacto sobre o consciente, e mais ainda no subconsciente do homem, que é muito mais sensível do que ele mesmo supõe. É nessa zona subconsciente que a fé inicia uma espécie de germinação ou incubação, que se desenvolve na direção do conteúdo fixado pela fé, rumo à eclosão final, que é a *fides* como experiência mística.

Muitos homens que não estão em condições de compreender, chegam a ter certeza das verdades graças a essa fé firmemente fixada e sinceramente praticada.

A Divindade Universal, Transcendente, se revela em muitas formas individuais, imanentes. Pouco importa qual seja a forma sob a qual o homem cultue a Divindade; ninguém conhece a Divindade como tal; basta que cada um cultue aquela forma individual da Divindade, aquele deus, que for mais acessível à sua experiência pessoal.

Quanto mais o homem consegue elevar o nível da sua consciência tanto menos importância dá ele a seu deus individualmente concebido e cultuado, e tanto mais se aproxima da Divindade em si mesma.

E a razão direta que se aproxima do centro único de todas as linhas convergentes, aproxima-se também das outras linhas que demandam o centro comum, aproxima-se dos outros cultores da Divindade, seus vizinhos e companheiros de jornada.

Quanto mais o homem se aproxima do centro único, tanto mais se aproxima de todas as linhas convergentes, realizando assim a mística do primeiro mandamento pela ética do segundo mandamento.

A tragicidade da existência humana e sua solução

Todos os grandes pensadores e mestres da humanidade falam do caráter trágico da vida humana.

Gautama Buda, nas suas *Quatro verdades nobres*, focaliza o problema da tragicidade existencial do homem aqui na terra. O homem sofre, diz ele, porque se *individualizou num ego consciente*. O mundo universal de Brahman não é ego, e por isto não sofre. Todo processo de existencialização individual é um movimento de *separatismo centrífugo*, um movimento antitotalista, anticósmico que representa o característico da *culpabilidade* e, como toda a culpa acarreta *pena*, não pode a existência individual deixar de estar sujeita ao sofrimento.

O mundo individual infra-humano — vegetal mineral, animal — não sofre ou sofre pouco, porque não possui uma egoidade consciente; a individualidade desses seres não é culpadamente separatista.

A tragicidade do sofrimento começa com o mundo do homem, porque aí começa a egoidade consciente, responsável por um separatismo consciente e livre.

O mal, o pecado, a culpa está, pois, na *persona do ego consciente e livre*.

O Todo, o Universal, Brahman, é o Bom, o Santo, o Feliz.

A Parte, o Individual, *Maya*, *Atman*, representam o polo oposto, antibom, o antissanto, o antifeliz.

Toda a filosofia de Buda gravita em torno desta ideia.

Moisés, no *Gênesis*, concorda inteiramente com esta filosofia, quando diz que o mal e o sofrimento começaram com o fato de ter o homem comido do "fruto da árvore do conhecimento do bem e do mal", isto é, de ser tornado um ego consciente, por sugestão da *serpente*, símbolo da inteligência. No Éden da sua inconsciência era o homem inocente e feliz, sem culpa nem pena; mas, depois de entrar na zona fatídica da consciência, tornou-se pecador, foi expulso do paraíso, e logo viu o mundo coberto de "espinhos e abrolhos", isto é, de dolorosos problemas. A tragicidade da existência nasceu com o processo da intelectualização consciente do homem.

Segundo Buda e Moisés, o *pecado original* consiste, pois, na *egoidade* ou na *egoficação* do homem, processo pelo qual o homem deixou de ser uno com o *Todo* (Whole, Heil), e deixou de ser *Total* (Holy, Heilig).

Ser uno com o Todo Universal é ser *Bom* e *Feliz* — não ser uno com esse Todo Universal é ser *Mau* e *Infeliz*. *Per se*, toda individualização é culpa que acarreta pena; mas nos seres inconscientes essa culpabilidade não é imputada ao indivíduo e, por isto, inexiste, ou existe em baixo grau, a tragicidade da pena. No homem, essa tragicidade cresce na razão direta da sua consciência-ego, que é responsável pelo grau da sua culpabilidade.

Existir individual e conscientemente é, portanto, o grande mal. Não o existir inconsciente ou subconsciente da natureza, mas o *existir egoconsciente* do homem.

Os grandes pensadores e mestres identificam o ego com *Lúcifer*, o porta-luz, a alvorada da consciência, base do separatismo pecador; quando esse Lúcifer completa a sua separação centrífuga torna-se *satã*, significa *adversário*.

Ora, todo *existir* traz em si o germe do *agir* e, quando o existir é consciente, também o agir é consciente.

Esse *agir autônomo* é, potencialmente, uma atitude de oposição, hostilidade e rebeldia contra o Todo. A *individualidade* é uma *antitotalidade*.

* * *

Em face desta verdade, concluíram muitos pensadores místicos que o bem e a felicidade estão em *não agir*, da desistência de qualquer atividade individual, na submersão em total e permanente *passividade*. Essa passividade reduz o mal da existência ativa; um existir com apenas 10% de atividade é menos mau do que um existir com 50% ou 100% de atividade.

Boa parte do mundo oriental segue essa filosofia de passividade.

A conclusão última e mais radical seria não agir nem existir de forma alguma, um regresso total ao Todo do Ser sem Existir — a submersão no *Nirvana Amorfo* e Anônimo, a extinção do Atman em Brahman, do indivíduo humano no Todo da Divindade.

E, de fato, muitos mestres budistas aconselharam essa *eutanásia mística* como remédio definitivo à culpa e à pena, extinguindo assim a tragicidade da vida humana. Evidentemente, a cura mais radical de uma doença consiste em matar o doente.

Essa pretensa abolição definitiva da culpa e pena não consiste num *suicídio físico*, mas, sim, num *suicídio metafísico*, na extinção da própria individualidade humana, e não apenas na destruição do seu invólucro material. Em parte alguma proíbe a filosofia oriental o suicídio físico, mas sabe perfeitamente que essa destruição do corpo material não representaria nenhuma solução do problema da tragicidade existencial do homem porque, com ou sem corpo material, o homem como indivíduo-ego, continua a existir e, como a destruição do corpo material seria um covarde escapismo, a tragicidade existencial, em vez de solucionada, seria ainda mais agravada.

Como, pois, solver o problema da tragicidade da vida humana?

Como pode o homem existir e agir sem se onerar de culpa e pena? Se todo existir é agir, e se todo agir é culposo, como existir e agir sem ser culpado e merecer penalidade?

A solução do problema, como bem frisa a *Bhagavad Gita*, não pode consistir numa espécie de *alopatia*, baseada na cura do mal por seu contrário, mas deve consistir numa tal ou qual *homeopa-*

tia, que cura semelhante com semelhante. Quer dizer que o nosso existir e agir humano não pode ser sanado pelo não existir e não agir, como em grande parte pretende a filosofia oriental, mas deve consistir no próprio existir e agir.

Mas como? Se o próprio existir e agir é visceralmente mau, como pode ele sanar o mal que produziu.

Aqui é que estamos na grande encruzilhada! Aqui é que se bifurcam os caminhos do pensamento.

Os grandes mestres da humanidade negam que o mal do homem consista no fato de ele existir como indivíduo e de agir como tal.

Como pode o homem sanar o seu agir pelo próprio agir?

Pelo mesmo processo pelo qual a medicina moderna cura as doenças e epidemias: pela *profilaxia da vacinação*. A própria bactéria venenosa, devidamente desenvenenada no laboratório, deve fornecer o remédio contra a epidemia causada por bactérias venenosas. O antídoto do veneno vem do veneno. O nosso agir venenoso deve ser submetido a um agir não venenoso, mediante um processo de imunização, a fim de fornecer o antídoto contra o agir venenoso. É necessário desenvenenar o nosso agir comum, e com este soro medicinal neutralizar o veneno produzido pela nossa egoidade ou nosso egoísmo.

A sabedoria dos mestres descobriu que o mal não está no existir nem no agir como tal, mas, sim num certo *modo de agir*. O fato objetivo de eu agir não me torna culpado, mas, sim, uma determinada atitude de agir. "O que de fora entra no homem não torna o homem impuro — mas, sim, o que de dentro sai do homem"...

Não posso deixar de agir, mas posso deixar de agir de *certo modo*, e posso agir de outro *modo*. Posso fazer brotar a minha atividade de motivos bons e puros, e esta fonte boa e pura do meu ser e existir torna bons e puros os canais do meu agir. Os meus atos revestem a natureza, boa ou má, da minha atitude. Os meus atos são o que minha atitude é, mas a minha atitude sou eu mesmo. É o meu íntimo e permanente modo de ser. Não há lá fora nenhum objeto bom ou mau em si; toda bondade ou maldade do objeto vem do meu sujeito, bom ou mau. Se eu tenho para com todas as creaturas uma atitude de benevolência e amor, os meus atos externos nascidos dessa atitude interna só podem ser bons e benéficos. Os meus atos são o que eu sou. São canais cuja fonte sou eu. E, como as águas brotam da fonte e fluem pelos canais, assim os meus atos brotam da minha atitude e fluem através de atividades externas.

Posso agir com interesse pessoal — ou sem interesse.

O *agir interesseiro* não pode ser abolido pelo simples *agir*, nem pelo *não agir*, mas tem de ser neutralizado por um *agir desinteressado*.

Interesseiro e *desinteressado* são, para nós, termos de caráter ético na realidade, porém, são categorias metafísicas. O que é interesseiro é *existencial*, o que é desinteressado é *essencial*. O meu ego é um aspecto existencial, o meu Eu é uma realidade essencial; o meu verdadeiro Eu é, de fato, a própria essência do Todo, do Universal, do Infinito, percebido por mim como sendo o meu Eu. O meu Eu é a "luz do mundo", é o "espírito de Deus que habita em mim", é a própria "divindade transcendente" que em mim se tornou consciente como o "deus imanente", segundo as palavras do Nazareno "vós sois deuses".

Agir em nome do ego *existencial*, objetivamente, é mau — agir em nome do Eu *essencial*, subjetivamente, é bom.

Agir por causa de qualquer fruto objetivo — dinheiro, prazer, louvor, gratidão, ou pelo temor de seus contrários — é intrinsecamente interesseiro, mau, pecaminoso, e este modo de agir cria a tragicidade existencial da vida.

Agir em nome do meu Eu divino, pelo seu aperfeiçoamento, pela sua plena realização, isto é bom, porque harmoniza com o Todo, o Universal, a Divindade.

Mas o meu sujeito Eu só pode ser realizado através de objetos. Esses objetos não são um *fim*, mas são *meios* para atingir o fim da plenitude do Eu. Quem toma os objetos por um fim age interesseiramente, é mau, pecador; quem não se serve dos objetos, mas procura abster-se deles, como pretendem certos ascetas, procura fazer o impossível, porque ninguém pode, de fato, desobjetivar-se totalmente; tem de agir porque existe.

Logo, a solução não está nem no *agir* nem no *não agir*, mas em *agir corretamente*.

Os objetos são uma espécie de *ponte* entre o sujeito e o objeto. Estes servem de meios de realização para aquele.

Sendo que o sujeito Eu é o Infinito da Essência manifestado no Finito da Existência, deve o Finito Existencial agir *essencialmente*, deve agir *sub specie aeternitatis*, no dizer dos santos; nunca *sub specie temporis*, que é o agir interesseiro e mau do ego. A tragicidade do existir e agir não pode ser solucionada por nenhum *conformismo*, nem por algum escapismo, mas unicamente por um *transformismo*.

O homem *profano* procura conformar-se com a situação trágica, inventando lenitivos e derivativos de todo o gênero, distraindo-se com negócios, prazeres, política, ambição, ciência, arte, técnica, etc., mas nada disto é solução do problema, que continua latente e doloroso por debaixo dessas ruidosas superfícies.

O homem *espiritual* tenta desertar da vida presente refugiando--se na visão duma vida futura feliz, mas esta atitude é antes um desespero da solução do que uma solução do problema, uma evasão do aquém e uma invasão no além.

O homem *cósmico* age de outro modo. Ele sabe que o problema só pode ser solucionado no mesmo plano em que foi criado, isto é, no plano do *existir e agir terrestre*, aqui e agora, e nunca por uma atitude de *passividade*, nem num plano de existência futura em regiões longínquas. Esta solução, porém, exige um processo de transformismo.

A profilaxia de imunização contra a tragédia do agir está no próprio *agir, agora e aqui*. Agir se cura pelo agir. Se *o agir alodeterminado do ego* crea tragicidade, então o *agir autodeterminante do Eu* deve abolir essa tragicidade. O alodeterminismo do ego é mortífero, a autodeterminação do Eu é salutífera.

O velho agir interesseiro do ego objetivo deve ser sanado pelo novo agir desinteressado do Eu. E vez de querer ganhar *objetos quantitativos* — dinheiro, prazeres, louvores, reconhecimento, aplausos, resultados externos — deve o homem visar, com a sua atividade, o aperfeiçoamento do seu *sujeito qualitativo*, a sua autorrealização, servindo-se dos objetos como meios para atingir este fim. Se aqueles objetos não visados lhe *acontecem*, deixe-os acontecer!

* * *

Em face desta filosofia surge, invariavelmente, a objeção de que o homem que se libertou da especulação dos objetos acabará por cair na *inatividade*, na inércia, na indiferença pelas coisas do mundo, como o Oriente parece provar. O profano vive na ilusão de que o homem que não se interessa vivamente pelos objetos e pelos resultados palpáveis dos seus trabalhos, seja incapaz de trabalhar dinâmicamente e com entusiasmo, porque lhe falta o necessário estímulo para essa atividade.

De fato, quem nada sabe do verdadeiro Eu *central* do homem, se paralisar os estímulos do *ego periférico* do homem, cai necessariamente na passividade total, extinguindo o Eu com o ego.

Mas quem descobriu o seu Eu central tem intensos motivos para a atividade, porque todo agir desinteressado, desegoficado, desobjetivado, intensifica a realização do Eu. O homem que descobriu o seu Eu central, como motivo de atividade, se torna *cosmocêntrico*, em vez de *egocêntrico*.

A transição do *egocentrismo* para o *cosmocentrismo* é a transição duma *semiverdade para a pleniverdade*. A Natureza age no plano de um *cosmocentrismo inconsciente*. O homem-ego age em nome de um *egocentrismo consciente*. O homem-Eu age em virtude de um *cosmocentrismo consciente* pleniconsciente.

E com isto está solucionado definitivamente o problema da tragicidade existencial da vida humana.

❖

PERFIL BIOGRÁFICO

Huberto Rohden

Nasceu na antiga região de Tubarão, hoje São Ludgero, Santa Catarina, Brasil, em 1893. Fez estudos no Rio Grande do Sul. Formou-se em Ciências, Filosofia e Teologia em universidades da Europa — Innsbruck (Áustria), Valkenburg (Holanda) e Nápoles (Itália).

De regresso ao Brasil, trabalhou como professor, conferencista e escritor. Publicou mais de 65 obras sobre ciência, filosofia e religião, entre as quais várias foram traduzidas para outras línguas, inclusive para o esperanto; algumas existem em braile, para institutos de cegos.

Rohden não era filiado a nenhuma igreja, seita ou partido político. Fundou e dirigiu o movimento filosófico e espiritual Alvorada.

De 1945 a 1946 teve uma bolsa de estudos para pesquisas científicas, na Universidade de Princeton, New Jersey (Estados Unidos), onde conviveu com Albert Einstein e lançou os alicerces para o movimento de âmbito mundial da Filosofia Univérsica, tomando por base do pensamento e da vida humana a constituição do próprio Universo, evidenciando a afinidade entre Matemática, Metafísica e Mística.

Em 1946, Huberto Rohden foi convidado pela American University, de Washington, D. C., para reger as cátedras de Filosofia Universal e de Religiões Comparadas, cargo este que exerceu durante cinco anos.

Durante a última Guerra Mundial foi convidado pelo Bureau of Inter-American Affairs, de Washington, para fazer parte do corpo de tradutores das notícias de guerra, do inglês para o português. Ainda na American University, de Washington, fundou o Brazilian Center, centro cultural brasileiro, com o fim de manter intercâmbio cultural entre o Brasil e os Estados Unidos.

Na capital dos Estados Unidos, frequentou, durante três anos, o Golden Lotus Temple, onde foi iniciado em *Kriya-yoga* por Swami Premananda, diretor hindu desse *ashram*.

Ao fim de sua permanência nos Estados Unidos, Huberto Rohden foi convidado para fazer parte do corpo docente da nova International Christian University (ICU) de Metaka, Japão, a fim de reger as cátedras de Filosofia Universal e Religiões Comparadas; mas, por causa da guerra na Coreia, a universidade japonesa não foi inaugurada, e regressou ao Brasil. Em São Paulo foi nomeado professor de Filosofia na Universidade Mackenzie, cargo do qual não tomou posse.

Em 1952, fundou em São Paulo a Instituição Cultural e Beneficente Alvorada, onde mantinha cursos permanentes em São Paulo, Rio de Janeiro e Goiânia, sobre Filosofia Univérsica e Filosofia do Evangelho, e dirigia Casas de Retiro Espiritual (*ashrams*) em diversos estados do Brasil.

Em 1969, empreendeu viagens de estudo e experiência espiritual pela Palestina, Egito, Índia e Nepal, realizando diversas conferências com grupos de iogues na Índia.

Em 1976, foi chamado a Portugal para fazer conferências sobre autoconhecimento e autorrealização. Em Lisboa fundou um setor do Centro de Autorrealização Alvorada.

Nos últimos anos, Rohden residia na capital de São Paulo, onde permanecia alguns dias da semana escrevendo e reescrevendo seus livros, nos textos definitivos. Costumava passar três dias da semana no *ashram*, em contato com a natureza, plantando árvores, flores ou trabalhando no seu apiário-modelo.

Quando estava na capital, frequentava periodicamente a editora responsável pela publicação de seus livros, dando-lhe orientação cultural e inspiração.

À zero hora do dia 7 de outubro de 1981, após longa internação em uma clínica naturista de São Paulo, aos 87 anos, o professor Huberto Rohden partiu deste mundo e do convívio de seus amigos e discípulos. Suas últimas palavras em estado consciente foram: "Eu vim para servir à Humanidade".

Ele deixa, para as gerações futuras, um legado cultural e um exemplo de fé e trabalho somente comparados aos dos grandes homens do século XX.

Huberto Rohden é o principal editando da Editora Martin Claret.

❖

Relação de obras do prof. Huberto Rohden

Coleção Filosofia Universal

O pensamento filosófico da Antiguidade
A filosofia contemporânea
O espírito da filosofia oriental

Coleção Filosofia do Evangelho

Filosofia cósmica do Evangelho
O Sermão da Montanha
Assim dizia o Mestre
O triunfo da vida sobre a morte
O nosso Mestre

Coleção Filosofia da Vida

De alma para alma
Ídolos ou ideal?
Escalando o Himalaia
O caminho da felicidade
Deus
Em espírito e verdade
Em comunhão com Deus
Cosmorama

Por que sofremos
Lúcifer e Logos
A grande libertação
Bhagavad Gita (tradução)
Setas para o infinito
Entre dois mundos
Minhas vivências na Palestina, Egito e Índia
Filosofia da arte
A arte de curar pelo espírito. Autor: Joel Goldsmith (tradução)
Orientando
"Que vos parece do Cristo?"
Educação do homem integral
Dias de grande paz (tradução)
O drama milenar do Cristo e do Anticristo
Luzes e sombras da alvorada
Roteiro cósmico
A metafísica do cristianismo
A voz do silêncio
Tao Te Ching de Lao-tse (tradução) — ilustrado
Sabedoria das parábolas
O 5º Evangelho segundo Tomé (tradução)
A nova humanidade
A mensagem viva do Cristo (Os quatro Evangelhos — tradução)
Rumo à consciência cósmica
O homem
Estratégias de Lúcifer
O homem e o Universo
Imperativos da vida
Profanos e iniciados
Novo Testamento
Lampejos evangélicos
O Cristo cósmico e os essênios
A experiência cósmica

Coleção Mistérios da Natureza

Maravilhas do Universo
Alegorias
Ísis
Por mundos ignotos

Coleção Biografias

Paulo de Tarso
Agostinho
Por um ideal — 2 vols. — autobiografia
Mahatma Gandhi — ilustrado
Jesus Nazareno — 2 vols.
Einstein — O enigma da Matemática — ilustrado
Pascal — ilustrado
Myriam

Coleção Opúsculos

Catecismo da filosofia
Saúde e felicidade pela cosmo-meditação
Assim dizia Mahatma Gandhi (100 pensamentos — tradução)
Aconteceu entre 2000 e 3000
Ciência, milagre e oração são compatíveis?
Autoiniciação e cosmo-meditação
Filosofia univérsica – sua origem, sua natureza e sua finalidade

❖

O objetivo, a filosofia e a missão da Editora Martin Claret

O principal objetivo da Martin Claret é contribuir para a difusão da educação e da cultura, por meio da democratização do livro, usando os canais de comercialização habituais, além de criar novos.

A filosofia de trabalho da Martin Claret consiste em produzir livros de qualidade a um preço acessível, para que possam ser apreciados pelo maior número possível de leitores.

A missão da Martin Claret é conscientizar e motivar as pessoas a desenvolver e utilizar o seu pleno potencial espiritual, mental, emocional e social.

O livro muda as pessoas. Revolucione-se: leia mais para ser mais!

MARTIN CLARET

Relação dos Volumes Publicados

1. **Dom Casmurro** *Machado de Assis*
2. **O Príncipe** *Maquiavel*
3. **Mensagem** *Fernando Pessoa*
4. **O Lobo do Mar** *Jack London*
5. **A Arte da Prudência** *Baltasar Gracián*
6. **Iracema / Cinco Minutos** *José de Alencar*
7. **Inocência** *Visconde de Taunay*
8. **A Mulher de 30 Anos** *Honoré de Balzac*
9. **A Moreninha** *Joaquim Manuel de Macedo*
10. **A Escrava Isaura** *Bernardo Guimarães*
11. **As Viagens - "Il Milione"** *Marco Polo*
12. **O Retrato de Dorian Gray** *Oscar Wilde*
13. **A Volta ao Mundo em 80 Dias** *Júlio Verne*
14. **A Carne** *Júlio Ribeiro*
15. **Amor de Perdição** *Camilo Castelo Branco*
16. **Sonetos** *Luís de Camões*
17. **O Guarani** *José de Alencar*
18. **Memórias Póstumas de Brás Cubas** *Machado de Assis*
19. **Lira dos Vinte Anos** *Álvares de Azevedo*
20. **Apologia de Sócrates / Banquete** *Platão*
21. **A Metamorfose/Um Artista da Fome/Carta a Meu Pai** *Franz Kafka*
22. **Assim Falou Zaratustra** *Friedrich Nietzsche*
23. **Triste Fim de Policarpo Quaresma** *Lima Barreto*
24. **A Ilustre Casa de Ramires** *Eça de Queirós*
25. **Memórias de um Sargento de Milícias** *Manuel Antônio de Almeida*
26. **Robinson Crusoé** *Daniel Defoe*
27. **Espumas Flutuantes** *Castro Alves*
28. **O Ateneu** *Raul Pompeia*
29. **O Noviço / O Juiz de Paz da Roça / Quem Casa Quer Casa** *Martins Pena*
30. **A Relíquia** *Eça de Queirós*
31. **O Jogador** *Dostoiévski*
32. **Histórias Extraordinárias** *Edgar Allan Poe*
33. **Os Lusíadas** *Luís de Camões*
34. **As Aventuras de Tom Sawyer** *Mark Twain*
35. **Bola de Sebo e Outros Contos** *Guy de Maupassant*
36. **A República** *Platão*
37. **Elogio da Loucura** *Erasmo de Rotterdam*
38. **Caninos Brancos** *Jack London*
39. **Hamlet** *William Shakespeare*
40. **A Utopia** *Thomas More*
41. **O Processo** *Franz Kafka*
42. **O Médico e o Monstro** *Robert Louis Stevenson*
43. **Ecce Homo** *Friedrich Nietzsche*
44. **O Manifesto do Partido Comunista** *Marx e Engels*
45. **Discurso do Método / Regras para a Direção do Espírito** *René Descartes*
46. **Do Contrato Social** *Jean-Jacques Rousseau*
47. **A Luta pelo Direito** *Rudolf von Ihering*
48. **Dos Delitos e das Penas** *Cesare Beccaria*
49. **A Ética Protestante e o Espírito do Capitalismo** *Max Weber*
50. **O Anticristo** *Friedrich Nietzsche*
51. **Os Sofrimentos do Jovem Werther** *Goethe*
52. **As Flores do Mal** *Charles Baudelaire*
53. **Ética a Nicômaco** *Aristóteles*
54. **A Arte da Guerra** *Sun Tzu*
55. **Imitação de Cristo** *Tomás de Kempis*
56. **Cândido ou o Otimismo** *Voltaire*
57. **Rei Lear** *William Shakespeare*
58. **Frankenstein** *Mary Shelley*
59. **Quincas Borba** *Machado de Assis*
60. **Fedro** *Platão*
61. **Política** *Aristóteles*
62. **A Viuvinha / Encarnação** *José de Alencar*
63. **As Regras do Método Sociológico** *Émile Durkheim*
64. **O Cão dos Baskervilles** *Sir Arthur Conan Doyle*
65. **Contos Escolhidos** *Machado de Assis*
66. **Da Morte / Metafísica do Amor / Do Sofrimento do Mundo** *Arthur Schopenhauer*
67. **As Minas do Rei Salomão** *Henry Rider Haggard*
68. **Manuscritos Econômico-Filosóficos** *Karl Marx*
69. **Um Estudo em Vermelho** *Sir Arthur Conan Doyle*
70. **Meditações** *Marco Aurélio*
71. **A Vida das Abelhas** *Maurice Materlinck*
72. **O Cortiço** *Aluísio Azevedo*
73. **Senhora** *José de Alencar*
74. **Brás, Bexiga e Barra Funda / Laranja da China** *Antônio de Alcântara Machado*
75. **Eugênia Grandet** *Honoré de Balzac*
76. **Contos Gauchescos** *João Simões Lopes Neto*
77. **Esaú e Jacó** *Machado de Assis*
78. **O Desespero Humano** *Sören Kierkegaard*
79. **Dos Deveres** *Cícero*
80. **Ciência e Política** *Max Weber*
81. **Satíricon** *Petrônio*
82. **Eu e Outras Poesias** *Augusto dos Anjos*
83. **Farsa de Inês Pereira / Auto da Barca do Inferno / Auto da Alma** *Gil Vicente*
84. **A Desobediência Civil e Outros Escritos** *Henry David Toreau*
85. **Para Além do Bem e do Mal** *Friedrich Nietzsche*
86. **A Ilha do Tesouro** *R. Louis Stevenson*
87. **Marília de Dirceu** *Tomás A. Gonzaga*
88. **As Aventuras de Pinóquio** *Carlo Collodi*
89. **Segundo Tratado Sobre o Governo** *John Locke*
90. **Amor de Salvação** *Camilo Castelo Branco*
91. **Broquéis/Faróis/ Últimos Sonetos** *Cruz e Souza*
92. **I-Juca-Pirama / Os Timbiras / Outros Poemas** *Gonçalves Dias*
93. **Romeu e Julieta** *William Shakespeare*
94. **A Capital Federal** *Arthur Azevedo*
95. **Diário de um Sedutor** *Sören Kierkegaard*
96. **Carta de Pero Vaz de Caminha a El-Rei Sobre o Achamento do Brasil**
97. **Casa de Pensão** *Aluísio Azevedo*
98. **Macbeth** *William Shakespeare*

99. Édipo Rei/Antígona
Sófocles

100. Lucíola
José de Alencar

101. As Aventuras de Sherlock Holmes
Sir Arthur Conan Doyle

102. Bom-Crioulo
Adolfo Caminha

103. Helena
Machado de Assis

104. Poemas Satíricos
Gregório de Matos

105. Escritos Políticos / A Arte da Guerra
Maquiavel

106. Ubirajara
José de Alencar

107. Diva
José de Alencar

108. Eurico, o Presbítero
Alexandre Herculano

109. Os Melhores Contos
Lima Barreto

110. A Luneta Mágica
Joaquim Manuel de Macedo

111. Fundamentação da Metafísica dos Costumes e Outros Escritos
Immanuel Kant

112. O Príncipe e o Mendigo
Mark Twain

113. O Domínio de Si Mesmo Pela Auto-Sugestão Consciente
Émile Coué

114. O Mulato
Aluísio Azevedo

115. Sonetos
Florbela Espanca

116. Uma Estadia no Inferno / Poemas / Carta do Vidente
Arthur Rimbaud

117. Várias Histórias
Machado de Assis

118. Fédon
Platão

119. Poesias
Olavo Bilac

120. A Conduta para a Vida
Ralph Waldo Emerson

121. O Livro Vermelho
Mao Tsé-Tung

122. Oração aos Moços
Rui Barbosa

123. Otelo, o Mouro de Veneza
William Shakespeare

124. Ensaios
Ralph Waldo Emerson

125. De Profundis / Balada do Cárcere de Reading
Oscar Wilde

126. Crítica da Razão Prática
Immanuel Kant

127. A Arte de Amar
Ovídio Naso

128. O Tartufo ou O Impostor
Molière

129. Metamorfoses
Ovídio Naso

130. A Gaia Ciência
Friedrich Nietzsche

131. O Doente Imaginário
Molière

132. Uma Lágrima de Mulher
Aluísio Azevedo

133. O Último Adeus de Sherlock Holmes
Sir Arthur Conan Doyle

134. Canudos - Diário de Uma Expedição
Euclides da Cunha

135. A Doutrina de Buda
Siddharta Gautama

136. Tao Te Ching
Lao-Tsé

137. Da Monarquia / Vida Nova
Dante Alighieri

138. A Brasileira de Prazins
Camilo Castelo Branco

139. O Velho da Horta/Quem Tem Farelos?/Auto da Índia
Gil Vicente

140. O Seminarista
Bernardo Guimarães

141. O Alienista / Casa Velha
Machado de Assis

142. Sonetos
Manuel du Bocage

143. O Mandarim
Eça de Queirós

144. Noite na Taverna / Macário
Álvares de Azevedo

145. Viagens na Minha Terra
Almeida Garrett

146. Sermões Escolhidos
Padre Antonio Vieira

147. Os Escravos
Castro Alves

148. O Demônio Familiar
José de Alencar

149. A Mandrágora / Belfagor, o Arquidiabo
Maquiavel

150. O Homem
Aluísio Azevedo

151. Arte Poética
Aristóteles

152. A Megera Domada
William Shakespeare

153. Alceste/Electra/Hipólito
Eurípedes

154. O Sermão da Montanha
Huberto Rohden

155. O Cabeleira
Franklin Távora

156. Rubáiyát
Omar Khayyám

157. Luzia-Homem
Domingos Olímpio

158. A Cidade e as Serras
Eça de Queirós

159. A Retirada da Laguna
Visconde de Taunay

160. A Viagem ao Centro da Terra
Júlio Verne

161. Caramuru
Frei Santa Rita Durão

162. Clara dos Anjos
Lima Barreto

163. Memorial de Aires
Machado de Assis

164. Bhagavad Gita
Krishna

165. O Profeta
Khalil Gibran

166. Aforismos
Hipócrates

167. Kama Sutra
Vatsyayana

168. O Livro da Jângal
Rudyard Kipling

169. De Alma para Alma
Huberto Rohden

170. Orações
Cícero

171. Sabedoria das Parábolas
Huberto Rohden

172. Salomé
Oscar Wilde

173. Do Cidadão
Thomas Hobbes

174. Porque Sofremos
Huberto Rohden

175. Einstein: o Enigma do Universo
Huberto Rohden

176. A Mensagem Viva do Cristo
Huberto Rohden

177. Mahatma Gandhi
Huberto Rohden

178. A Cidade do Sol
Tommaso Campanella

179. Setas para o Infinito
Huberto Rohden

180. A Voz do Silêncio
Helena Blavatsky

181. Frei Luís de Sousa
Almeida Garrett

182. Fábulas
Esopo

183. Cântico de Natal/ Os Carrilhões
Charles Dickens

184. Contos
Eça de Queirós

185. O Pai Goriot
Honoré de Balzac

186. Noites Brancas e Outras Histórias
Dostoiévski

187. Minha Formação
Joaquim Nabuco

188. Pragmatismo
William James

189. Discursos Forenses
Enrico Ferri

190. Medeia
Eurípedes

191. Discursos de Acusação
Enrico Ferri

192. A Ideologia Alemã
Marx & Engels

193. Prometeu Acorrentado
Ésquilo

194. Iaiá Garcia
Machado de Assis

195. Discursos no Instituto dos Advogados Brasileiros / Discurso no Colégio Anchieta
Rui Barbosa

196. Édipo em Colono
Sófocles

197. A Arte de Curar pelo Espírito
Joel S. Goldsmith

198. Jesus, o Filho do Homem
Khalil Gibran

199. Discurso sobre a Origem e os Fundamentos da Desigualdade entre os Homens
Jean-Jacques Rousseau

200. Fábulas
La Fontaine

201. O Sonho de uma Noite de Verão
William Shakespeare

202. **Maquiavel, o Poder**
José Nivaldo Junior

203. **Ressurreição**
Machado de Assis

204. **O Caminho da Felicidade**
Huberto Rohden

205. **A Velhice do Padre Eterno**
Guerra Junqueiro

206. **O Sertanejo**
José de Alencar

207. **Gitanjali**
Rabindranath Tagore

208. **Senso Comum**
Thomas Paine

209. **Canaã**
Graça Aranha

210. **O Caminho Infinito**
Joel S. Goldsmith

211. **Pensamentos**
Epicuro

212. **A Letra Escarlate**
Nathaniel Hawthorne

213. **Autobiografia**
Benjamin Franklin

214. **Memórias de Sherlock Holmes**
Sir Arthur Conan Doyle

215. **O Dever do Advogado / Posse de Direitos Pessoais**
Rui Barbosa

216. **O Tronco do Ipê**
José de Alencar

217. **O Amante de Lady Chatterley**
D. H. Lawrence

218. **Contos Amazônicos**
Inglês de Souza

219. **A Tempestade**
William Shakespeare

220. **Ondas**
Euclides da Cunha

221. **Educação do Homem Integral**
Huberto Rohden

222. **Novos Rumos para a Educação**
Huberto Rohden

223. **Mulherzinhas**
Louise May Alcott

224. **A Mão e a Luva**
Machado de Assis

225. **A Morte de Ivan Ilicht / Senhores e Servos**
Leon Tolstói

226. **Álcoois e Outros Poemas**
Apollinaire

227. **Pais e Filhos**
Ivan Turguêniev

228. **Alice no País das Maravilhas**
Lewis Carroll

229. **À Margem da História**
Euclides da Cunha

230. **Viagem ao Brasil**
Hans Staden

231. **O Quinto Evangelho**
Tomé

232. **Lorde Jim**
Joseph Conrad

233. **Cartas Chilenas**
Tomás Antônio Gonzaga

234. **Odes Modernas**
Anntero de Quental

235. **Do Cativeiro Babilônico da Igreja**
Martinho Lutero

236. **O Coração das Trevas**
Joseph Conrad

237. **Thais**
Anatole France

238. **Andrômaca / Fedra**
Racine

239. **As Catilinárias**
Cícero

240. **Recordações da Casa dos Mortos**
Dostoiévski

241. **O Mercador de Veneza**
William Shakespeare

242. **A Filha do Capitão / A Dama de Espadas**
Aleksandr Púchkin

243. **Orgulho e Preconceito**
Jane Austen

244. **A Volta do Parafuso**
Henry James

245. **O Gaúcho**
José de Alencar

246. **Tristão e Isolda**
Lenda Medieval Celta de Amor

247. **Poemas Completos de Alberto Caeiro**
Fernando Pessoa

248. **Maiakósvski**
Vida e Poesia

249. **Sonetos**
William Shakespeare

250. **Poesia de Ricardo Reis**
Fernando Pessoa

251. **Papéis Avulsos**
Machado de Assis

252. **Contos Fluminenses**
Machado de Assis

253. **O Bobo**
Alexandre Herculano

254. **A Oração da Coroa**
Demóstenes

255. **O Castelo**
Franz Kafka

256. **O Trovejar do Silêncio**
Joel S. Goldsmith

257. **Alice na Casa dos Espelhos**
Lewis Carrol

258. **Miséria da Filosofia**
Karl Marx

259. **Júlio César**
William Shakespeare

260. **Antônio e Cleópatra**
William Shakespeare

261. **Filosofia da Arte**
Huberto Rohden

262. **A Alma Encantadora das Ruas**
João do Rio

263. **A Normalista**
Adolfo Caminha

264. **Pollyanna**
Eleanor H. Porter

265. **As Pupilas do Senhor Reitor**
Júlio Diniz

266. **As Primaveras**
Casimiro de Abreu

267. **Fundamentos do Direito**
Léon Duguit

268. **Discursos de Metafísica**
G. W. Leibniz

269. **Sociologia e Filosofia**
Émile Durkheim

270. **Cancioneiro**
Fernando Pessoa

271. **A Dama das Camélias**
Alexandre Dumas (filho)

272. **O Divórcio / As Bases da Fé / e outros textos**
Rui Barbosa

273. **Pollyanna Moça**
Eleanor H. Porter

274. **O 18 Brumário de Luís Bonaparte**
Karl Marx

275. **Teatro de Machado de Assis**
Antologia

276. **Cartas Persas**
Montesquieu

277. **Em Comunhão com Deus**
Huberto Rohden

278. **Razão e Sensibilidade**
Jane Austen

279. **Crônicas Selecionadas**
Machado de Assis

280. **Histórias da Meia-Noite**
Machado de Assis

281. **Cyrano de Bergerac**
Edmond Rostand

282. **O Maravilhoso Mágico de Oz**
L. Frank Baum

283. **Trocando Olhares**
Florbela Espanca

284. **O Pensamento Filosófico da Antiguidade**
Huberto Rohden

285. **Filosofia Contemporânea**
Huberto Rohden

286. **O Espírito da Filosofia Oriental**
Huberto Rohden

287. **A Pele do Lobo / O Badejo / o Dote**
Artur Azevedo

288. **Os Bruzundangas**
Lima Barreto

289. **A Pata da Gazela**
José de Alencar

290. **O Vale do Terror**
Sir Arthur Conan Doyle

291. **O Signo dos Quatro**
Sir Arthur Conan Doyle

292. **As Máscaras do Destino**
Florbela Espanca

293. **A Confissão de Lúcio**
Mário de Sá-Carneiro

294. **Falenas**
Machado de Assis

295. **O Uraguai / A Declamação Trágica**
Basílio da Gama

296. **Crisálidas**
Machado de Assis

297. **Americanas**
Machado de Assis

298. **A Carteira de Meu Tio**
Joaquim Manuel de Macedo

299. **Catecismo da Filosofia**
Huberto Rohden

300. **Apologia de Sócrates**
Platão (Edição bilingue)

301. **Rumo à Consciência Cósmica**
Huberto Rohden

302. **Cosmoterapia**
Huberto Rohden

303. **Bodas de Sangue**
Federico García Lorca

304. **Discurso da Servidão Voluntária**
Étienne de La Boétie

305. Categorias
Aristóteles

306. Manon Lescaut
Abade Prévost

307. Teogonia / Trabalho e Dias
Hesíodo

308. As Vítimas-Algozes
Joaquim Manuel de Macedo

309. Persuasão
Jane Austen

310. Agostinho - *Huberto Rohden*

311. Roteiro Cósmico
Huberto Rohden

312. A Queda dum Anjo
Camilo Castelo Branco

313. O Cristo Cósmico e os Essênios - *Huberto Rohden*

314. Metafísica do Cristianismo
Huberto Rohden

315. Rei Édipo - *Sófocles*

316. Livro dos provérbios
Salomão

317. Histórias de Horror
Howard Phillips Lovecraft

318. O Ladrão de Casaca
Maurice Leblanc

Série Ouro
(Livros com mais de 400 p.)

1. Leviatã
Thomas Hobbes

2. A Cidade Antiga
Fustel de Coulanges

3. Crítica da Razão Pura
Immanuel Kant

4. Confissões
Santo Agostinho

5. Os Sertões
Euclides da Cunha

6. Dicionário Filosófico
Voltaire

7. A Divina Comédia
Dante Alighieri

8. Ética Demonstrada à Maneira dos Geômetras
Baruch de Spinoza

9. Do Espírito das Leis
Montesquieu

10. O Primo Basílio
Eça de Queirós

11. O Crime do Padre Amaro
Eça de Queirós

12. Crime e Castigo
Dostoiévski

13. Fausto
Goethe

14. O Suicídio
Émile Durkheim

15. Odisseia
Homero

16. Paraíso Perdido
John Milton

17. Drácula
Bram Stocker

18. Ilíada
Homero

19. As Aventuras de Huckleberry Finn
Mark Twain

20. Paulo – O 13º Apóstolo
Ernest Renan

21. Eneida
Virgílio

22. Pensamentos
Blaise Pascal

23. A Origem das Espécies
Charles Darwin

24. Vida de Jesus
Ernest Renan

25. Moby Dick
Herman Melville

26. Os Irmãos Karamazovi
Dostoiévski

27. O Morro dos Ventos Uivantes
Emily Brontë

28. Vinte Mil Léguas Submarinas
Júlio Verne

29. Madame Bovary
Gustave Flaubert

30. O Vermelho e o Negro
Stendhal

31. Os Trabalhadores do Mar
Victor Hugo

32. A Vida dos Doze Césares
Suetônio

33. O Moço Loiro
Joaquim Manuel de Macedo

34. O Idiota
Dostoiévski

35. Paulo de Tarso
Huberto Rohden

36. O Peregrino
John Bunyan

37. As Profecias
Nostradamus

38. Novo Testamento
Huberto Rohden

39. O Corcunda de Notre Dame
Victor Hugo

40. Arte de Furtar
Anônimo do século XVII

41. Germinal
Émile Zola

42. Folhas de Relva
Walt Whitman

43. Ben-Hur — Uma História dos Tempos de Cristo
Lew Wallace

44. Os Maias
Eça de Queirós

45. O Livro da Mitologia
Thomas Bulfinch

46. Os Três Mosqueteiros
Alexandre Dumas

47. Poesia de Alvaro de Campos
Fernando Pessoa

48. Jesus Nazareno
Huberto Rohden

49. Grandes Esperanças
Charles Dickens

50. A Educação Sentimental
Gustave Flaubert

51. O Conde de Monte Cristo (Volume I)
Alexandre Dumas

52. O Conde de Monte Cristo (Volume II)
Alexandre Dumas

53. Os Miseráveis (Volume I)
Victor Hugo

54. Os Miseráveis (Volume II)
Victor Hugo

55. Dom Quixote de La Mancha (Volume I)
Miguel de Cervantes

56. Dom Quixote de La Mancha (Volume II)
Miguel de Cervantes

57. As Confissões
Jean-Jacques Rousseau

58. Contos Escolhidos
Artur Azevedo

59. As Aventuras de Robin Hood
Howard Pyle